MARTIN LUTHER

Vom ehelichen Leben

und andere Schriften über die Ehe

HERAUSGEGEBEN VON
DAGMAR C. G. LORENZ

PHILIPP RECLAM JUN. STUTTGART

Universal-Bibliothek Nr. 9896
Alle Rechte vorbehalten
© 1978 Philipp Reclam jun. GmbH & Co., Stuttgart
Bibliographisch ergänzte Ausgabe 1997
Gesamtherstellung: Reclam, Ditzingen. Printed in Germany 1997
RECLAM und UNIVERSAL-BIBLIOTHEK sind eingetragene Marken
der Philipp Reclam jun. GmbH & Co., Stuttgart
ISBN 3-15-009896-3

Ein Sermon von dem ehlichen Stand, verändert und korrigiert durch Dr. Martin Luther, Augustiner zu Wittenberg

(1519)

Vorrede

Es ist ein Sermon vom ehlichen Stand ausgegangen unter meinem Namen, das mir viel lieber nicht geschehn wäre. Denn wiewohl ich mir bewußt, daß ich von der Materie geprediget, so ist es doch nicht in die Federn gebracht, als wohl gleich wäre. Darum ich verursacht, denselben zu ändern und so viel mir möglich zu bessern. Ich bitt einen jeglich fromm Menschen, wollt den ersten ausgegangenen Sermon lassen untergehn und zunichte werden. Auch so jemand meine Predigt fangen will, mäßig er sich seiner Eile und laß mich auch zu meiner Wort Ausbreitung raten. Es ist ein groß Unterschied, etwas mit lebendiger Stimme oder mit toter Schrift an Tag zu bringen.

Zum ersten. Da Gott Adam geschaffen hatte und alle Tiere vor ihn bracht, unter welchen Adam nichts befand, das ihm eben und gleichgesellig wäre zum ehlichen Stand, da sprach Gott: ›Es ist nicht gut, daß Adam allein ist, Ich will ihm eine Gehilfin machen, die ihm zur Hand sein soll‹, und sandt einen tiefen Schlaf in Adam, und nahm eine Rippe von ihm, und schloß das Fleisch wieder zu und bauet aus derselben Rippen, die er von Adam genommen hatte, ein Weib, und bracht sie zu Adam. Da sprach Adam: ›Das ist ein Bein von meinen Beinen, und ein Fleisch von meinem Fleisch, sie soll heißen eine Männin, da sie von ihrem Mann genommen ist.‹ Darum wird ein Mann Vater und Mutter lassen und seinem Weib anhangen, und sollen zwei in einem Fleisch sein.
Das alles sind Gottes Wort, in welchen beschrieben ist, wo Mann und Weib herkommen, wie sie zusammen gegeben

sind, und wozu ein Weib geschaffen, und was für Liebe sein
soll im ehlichen Leben.

Zum andern. Wenn Gott selber nicht gibt ein Weib oder
Mann, so geht es zu, wie es mag. Denn das ist hier angezeigt, daß Adam kein ehlich Gemahl fand, aber sobald Gott
Eva geschaffen hatte und zu ihm gebracht, da empfand er
eine rechte ehliche Liebe zu ihr, und erkennet, daß sie sein
ehlich Gemahl wäre. Also sollt man lehren, die da zum ehlichen Stand sich geben wollen, daß sie mit rechtem Ernst
Gott bitten um ein ehlich Gemahl. Denn auch der weise
Mann sagt [Spr. 19,14], daß Güter und Haus mögen die
Eltern ihren Kindern vorsehn, aber ein Weib wird allein
von Gott gegeben, nach dem ein jeglicher würdig ist, gleich
wie Eva allein von Gott Adam gegeben ist. Und wiewohl
die leichtfertige Jugend aus übriger Lust des Fleischs in diesen Sachen geschwind fähret, so ist es doch ein groß Ding
vor Gott. Denn nicht umsonst der allmächtig Gott allein
dem Menschen vor allen Tieren mit solchem Ratschlag und
Bedenken seinen ehlichen Stand einsetzt. Den andern Tieren spricht er schlicht: ›Wachset und mehret euch‹ [1. Mose
1,22], und es steht nicht geschrieben, daß er das Weib zu
dem Mann bringt. Drum auch keine Ehe da ist. Aber Adam,
dem macht er ein einzigs, sonderlichs Weib von ihm selbst,
bringt sie zu ihm, gibt sie ihm, und Adam willigt ein und
nimmt sie an, und das ist dann eine Ehe.

Zum dritten ist ein Weib geschaffen dem Mann zu einer
geselligen Gehilfin in allen Dingen, im besondern, Kinder
zu bringen. Und das ist noch geblieben, allein daß es mit
böser Lust nach dem Fall[1] vermischt ist, und jetzt die Be-
gierde des Manns zum Weib, und umgekehrt, nicht lauter
ist, denn nicht allein Gesellschaft und Kinder, dazu es allein eingesetzt ist, sondern auch die böse Lust sehr stark gesucht wird.

Zum vierten unterscheidet er die Lieb, daß Manns und
Weibs Lieb ist oder sein soll die allergrößt und lauterste

---

1 Sündenfall.

Lieb von allen Lieben. Denn er spricht [1. Mose 2,24]: Vater und Mutter wird der Mann lassen und hangen an seinem Weib, und wiederum das Weib auch, wie wir denn vor Augen täglich sehen. Nun gibt es dreierlei Liebe: falsche, natürliche, ehliche. Falsche Liebe, die sucht das ihre, wie man Geld, Gut, Ehre und Weiber außer der Eh liebet wider Gottes Gebot. Natürliche Liebe ist zwischen Vater und Kind, Bruder und Schwester, Freund[2] und Schwager, und dergleichen. Aber über die alle geht die eheliche Liebe, das ist eine Brautliebe, die brennet wie das Feuer und sucht nicht mehr denn das ehliche Gemahl, die spricht: ›Ich will nicht das deine, ich will weder Gold noch Silber, weder dies noch das, ich will dich selber haben, ich will's ganz oder nichts haben.‹ Alle andere Liebe sucht etwas anderes, denn den sie liebet, diese allein will den Geliebten eigen selbst ganz haben. Und wenn Adam nicht gefallen wäre, so wäre es das lieblichste Ding gewesen, Braut und Bräutigam. Aber nun ist die Liebe auch nicht rein, denn wiewohl ein ehlich Gemahl das andere haben will, so sucht doch auch ein jeglicher seine Lust an dem andern, und das fälscht diese Liebe. Derhalben ist der ehlich Stand nun nicht mehr rein und ohn Sünd und die fleischliche Anfechtung so groß und wütend worden, daß der ehlich Stand nun hinfort gleich einem Spital der Siechen ist, auf daß sie nicht in schwerere Sünd fallen. Denn ehe Adam fiel, war es leicht, Jungfrauschaft und Keuschheit zu halten, das nun wenig möglich und ohn besondere Gottesgnade unmöglich ist: darum haben auch weder Christus [Matth. 19] noch die Apostel [1. Kor. 7] Keuschheit gebieten wollen, und doch dieselben geraten und einem jeglichen anheim gegeben, sich selbst zu prüfen: kann er sich nicht halten, werde er ehlich, kann er aber von Gottes Gnaden, ist besser die Keuschheit.

Also haben die Doctores drei Güter und Nutz erfunden im ehlichen Stand, durch welche die sündlich Lust, die mit unterläuft, gestattet und nicht verdammlich wurde.

2 Verwandter, Schwager.

Zum ersten, daß es ein Sakrament ist. Ein Sakrament aber
heißt ein heiliges Zeichen, das da bedeutet etwas anderes,
ein geistlich, heilig, himmelisch und ewig Ding, gleich wie
das Wasser der Taufe, wenn das der Priester über das Kind
gießt, bedeutet die heilige, göttlich und ewige Gnade, die
dabei wird gegossen in die Seele und Leib desselben Kinds
und reiniget aus die Erbsünde, daß da Gottes Reich darinnen sei, welche Ding unaussprechliche Güter sind und gar
viel unermeßlich größer als das Wasser, das dieselben bedeutet. Also ist auch der eheliche Stand ein Sakrament, ein
äußerlichs, heilig Zeichen des allergrößten, heiligesten, wür-
digesten, edelsten Dings, das noch nie gewesen oder werden
kann, das ist die Vereinung göttlicher und menschlicher
Natur in Christo. Denn der heilig Apostel Paulus sagt: Wie
der Mann und Weib vereinigt im ehlichen Stand sind, zwei
in einem Fleisch, also ist Gott und die Menschheit ein Christus, Christus auch und die Christenheit ein Leib, das ist
fürwahr (spricht er) ein groß Sakrament [Eph. 5,32]; das
ist, der ehliche Stand bedeutet fürwahr große Ding. Ist das
nicht groß Ding, daß Gott Mensch ist, daß Gott sich dem
Menschen eigen gibt und sein will sein, gleichwie der Mann
sich dem Weib gibt und sein ist? So aber Gott unser ist, so
sind auch alle Ding unser.

Sieh, um der Ehr willen, daß Vermischung des Manns und
Weibs ein so groß Ding bedeutet, muß der ehliche Stand
solche Bedeutung genießen, daß die böse fleischliche Lust,
ohn die niemand ist, in ehlicher Pflicht nicht verdammlich
ist, die sonst außerhalb der Ehe allezeit tödlich[3] ist, wenn
sie vollbracht wird. Also deckt die heilige Menschheit Gottes die Schande der fleischlichen bösen Lust. Drum sollt ein
ehlich Mensch solchs Sakraments achthaben, daß man die
heiligen Ding ehret und sich mäßig in ehlichen Pflichten
halte, auf daß nicht der fleischlichen Lust, wie die Tiere
tun, unvernünftige Folge geschehe.

Zum andern, daß es ein Verbündnis ist der Treu. Das ist

3 eine Todsünde.

der Grund und ganzes Wesen der Ehe, daß sich eins dem
andern gibt und verspricht, Treu zu halten und keinen andern einzulassen. Dieweil dann eins sich also an das andere
bindet und gefangen gibt, daß es dem Fleisch alle anderen
Wege versperret und sich an einem Bettgenossen genügen
läßt, so sieht Gott an, daß das Fleisch also gedämpft wird,
daß es nicht kreuzwegs durch die Stadt wütet, und läßt
gnädig zu, daß derselben Lust in solcher Treu etwas nach-
gelassen wird, auch mehr denn zur Frucht not ist, doch daß
man sich mit Ernste mäßige und nicht einen Mist- und
Saupfuhl draus mache.

Hier sollt ich sagen, welcherlei Wort man brauchen sollt,
wenn sich zwei verloben; so hat man das Ding so tief,
weit und spitzig gemacht, daß ich viel zu geringe bin, selbst
das zu verstehn, und sorge, daß viel Eheleut sitzen beieinander, die wir für unehlich[4] halten. Denn dieweil der ehlich
Stand gründlich steht in einem Einwilligen zueinander und
Gott wunderlich ist in seinen Gerichten, will ich's ihm lassen befohlen sein. Die gemeinen Wort sind diese: ›Ich bin
dein, du bist mein‹, und wiewohl etliche aufs schärfst meinen, es sei nicht gnug, wenn man spricht: ›ich will oder
werde dich nehmen‹, oder andererlei Wort gebrauchten, so
wollt ich doch lieber richten nach der Meinung, die sie zur
Zeit gehabt hatten.

Item. Wenn eins dem andern heimlich gelobt und darnach
ein anderes nimmt, öffentlich oder heimlich, weiß ich noch
nicht, ob es ganz recht sei, daß man davon schreibt und
richtet. Das ist mein Rat, daß die Eltern ihre Kinder gewöhnen, daß sie sich nicht schämen, von ihnen zu begehren
ein ehlich Gemahl, und sie sich merken lassen, daß sie sie
beraten wollen, auf daß sie desto besser in Hoffnung sich
enthalten und beharren mögen, und wiederum die Kinder
nicht ohn der Eltern Wissen sich verloben, denn schämst du
dich nicht, einen Rock oder Haus von deinen Eltern zu
begehren, was narrst du dann und bittest nicht um das, das

4 unverheiratet.

viel größer ist, ein ehlich Gemahl? Also tat Samson [Richt. 14,2], der kam in eine Stadt und sah eine Jungfrau, die gefiel ihm. Da ging er zuvor wieder heim und sagt zu seinem Vater und Mutter: ›Ich habe eine Jungfrau gesehen, die hab ich lieb, lieber, gebt mir dieselbe zum ehlichen Gemahl.‹

Zum dritten. Daß es Frucht bringt, denn das ist das End und vornehmlich Amt der Ehe. Das ist aber nicht gnug, daß die Frucht geboren wird, und also redet man nicht davon, wenn man sagt, die Ehe entschuldige die Sünde, denn solche Frucht trägt es auch den Heiden, sondern daß man die Frucht ziehe zu Gottes Dienst, Lob und Ehre und nichts anderes darinnen suche, das leider selten geschieht. Man sucht nur Erben oder Lust an den Kindern, Gottes Dienst bleibe, wo er kann. Auch findet man, die zur Ehe greifen und Vater oder Mutter werden, ehe sie selber beten konnten oder wissen, was Gottes Gebot sind.

Aber das solln die Eheleut wissen, daß sie Gott, der Christenheit, aller Welt, sich selbst und ihren Kindern kein besser Werk und Nutz schaffen mögen, denn daß sie ihre Kinder wohl aufziehen. Es ist nichts mit Wallfahrten gen Rom, gen Jerusalem, zu Sankt Jakob. Es ist nichts Kirchen bauen, Messe stiften oder was für Werk genannt werden mögen, gegen dieses einzige Werk, daß die Ehelichen ihre Kinder ziehen, denn dasselbe ist ihre gerichtste Straß gen Himmel, können auch den Himmel nicht näher und besser erlangen denn mit diesem Werk. Es ist auch ihr eigen Werk, und wo sie sich desselben nicht befleißigen, so ist es gleich ein verkehret Ding als wenn Feuer nicht brennet, Wasser nicht netzet.

Also umgekehrt ist die Hölle nicht leichter verdienet denn an seinen eigenen Kindern, mögen auch kein schädlicher Werk nicht tun, denn daß sie die Kinder versäumen, lassen sie fluchen, schwören, schandbare Wort und Liedlein lehren und nach ihrem Willen leben. Dazu etliche sie selber reizen mit übrigem Schmuck und Forderung zu der Welt, daß sie nur der Welt wohlgefallen, hoch steigen und reich werden, allzeit mehr sorgen, wie sie dem Leib statt der Seele gnugsam vorsehen. Es ist auch kein größerer Schad der Christenheit als der Kinder Versäumen. Denn soll man der Christenheit wieder helfen, so muß man fürwahr an den Kindern anheben, wie vorzeiten geschah.

Dies dritte Stück dünkt mich das größere und nützlichste zu sein, das ohn Zweifel nicht allein ehliche Pflicht, sondern auch alle andere Sünd mächtig ablegen kann. Aber die falsche Naturliebe verblendet die Eltern, daß sie das Fleisch ihrer Kinder mehr achten denn die Seele. Drum spricht der weise Mann [Spr. 13,24]: ›Wer der Rute schonet, der hasset sein eigen Kind, wer aber sein Kind liebhat, der stäupt es vielmals.‹ Item [Spr. 22,15]: ›Es ist in eines jeglichen Kinds Herzen törichtes Vorhaben, aber die Rute vermag das alles auszutreiben.‹ Item Salomon [Spr. 23,14]: ›Schlägst du dein Kind mit Ruten, so wirst du seine Seel von der Hölle erlösen.‹ Derhalben ist es hoch vonnöten einem jeglichen ehlichen Menschen, daß er seines Kinds Seel mehr, tiefer, fleißiger ansehe denn das Fleisch, das von ihm gekommen ist, und sein Kind nicht anders achte denn als einen köstlichen, ewigen Schatz, der ihm von Gott befohlen sei zu bewahren, daß ihm der Teufel, die Welt und das Fleisch nicht stehlen und umbringen. Denn er wird von ihm gefordert werden am Tod- und Jüngsten Tag mit gar scharfer Rechnung. Denn wo, meinst du, daß herkommen wird das schrecklich Heulen und Klagen derer, die da rufen werden: ›O selig sind die Leiber, die nicht Kinder geboren haben, und Brüste, die nicht gesäugt haben‹ [Luk. 23,29]? Ohn Zweifel darum, daß sie ihre Kinder nicht wieder zu Gott gebracht haben, von dem sie sie zu behalten empfangen haben.

O wahrlich ein edler, großer, seliger Stand, der ehelich Stand, so er recht gehalten wird! O wahrlich ein elender, erschrecklicher, gefährlicher Stand, der ehlich Stand, so er nicht recht gehalten wird! Und wer diese Ding bedächt, dem würde der Kitzel des Fleisches wohl vergehen, und vielleicht würde er so schier nach dem jungfräulichen Stand als nach dem ehlichen Stand greifen. Die Jugend achtet es geringe, folgt nur den Begierden, aber Gott wird es gar groß achten und folgen dem Rechten.

Endlich, willst du alle deine Sünd wohl büßen und den höchsten Ablaß hier und dort erlangen, seliglich sterben und dein Geschlecht auch zeitlich weit und ferne strecken, so schau nur mit allem Ernst auf dies dritte Stücke, die Kinder wohl zu ziehen: Kannst du es nicht, bitt und such andere Leut, die es können, und laß dich kein Geld, Kost, Mühe und Arbeit dauern, denn das sind die Kirchen, Altär, Testament, Vigilien und Seelmessen, die du hinter dir lässest, die dir auch leuchten werden im Sterben, und wo du hinkommest.

Welche Personen verboten sind zu ehelichen

(1522)

Welche Personen verboten sind zu ehlichen in der Heiligen Schrift, sowohl der Freundschaft[1] wie der Magschaft[2]

Verbotene Personen der Freundschaft sind diese:

1. Vater
2. Mutter
3. Stiefmutter
4. Schwester
5. Stiefschwester
6. Sohns Tochter
7. Vaters Schwester
8. Mutter Schwester

Daraus folget, daß Geschwisterkinder und Stiefmutters Schwester vor Gott mit gutem Gewissen mögen geehlicht werden.

Verbotene Personen der Magschaft sind diese:

1. Vaters Bruders Weib
2. Sohns Weib
3. Bruders Weib
4. Stieftochter
5. Des Stiefsohns oder der Stieftochter Kind
6. Weibs Schwester, solange das Weib lebt

Daraus folget, daß ich meines Weibs oder Braut Schwester nach ihrem Tod ehlichen mag, dazu auch des Bruders Weib nach seinem Tod im Gesetz befohlen war zu nehmen, Matth. 22.
Was nun mehr Personen oder Glieder[3] verboten sind, die haben unsere geistlichen Tyrannen um Gelds willen verboten. Das bewertet sich selbst damit, daß sie dieselben wieder ums Geld verkaufen und zulassen und, wo man nicht Geld gibt, solche Ehe zerreißen wider Gott und alle Billigkeit.

1 Hier in der Bedeutung ›Verwandtschaft‹, wie auch sonst häufig bei Luther.
2 Schwägerschaft.
3 Mitglieder der Verwandtschaft.

Daß sie aber auch neue Glieder erdichtet haben zwischen den Gevattern, Paten und ihren Kindern und Geschwistern, das hat sie eigentlich der Teufel gelehret. Denn so das Sakrament der Tauf sollt Hindernisse bringen, dürfte kein Christenmann ein Christenweib nehmen. Sintemal alle getauften Weiber aller getauften Männer geistliche Schwestern sind, als die einerlei Sakrament, Geist, Glauben, geistliche Gaben und Güter haben, damit sie viel näher im Geist freund werden denn durch äußerlich Gevatterschaft.

Sonderlich aber ist zu meiden der Bischofgötzen lügenhaftig Gaukelwerk, die Firmelung, welche keinen Grund in der Schrift hat, und die Bischöfe nur die Leute mit ihren Lügen betrügen, daß Gnade, Charakter, Malzeichen drinnen gegeben würden. Es ist vielmehr der Bestien Charakter, Apoc. 13 [Offenb. 13,16]. Ein Christenmensch soll seinen Glauben bei Verlust seiner Seel ja nicht stellen auf Menschentand, denn der wird gewißlich ihm lügen und trügen, sondern nur auf Gottes Wort, der lüget nicht.

Mar. Luther

Vom ehelichen Leben

(1522)

These

Wiewohl mir grauet und ich nicht gern vom ehlichen Leben
predige, darum, daß ich besorge, wo ich's einmal recht an-
rühre, wird mir's und andern viel zu schaffen geben. Denn
der Jammer durch päpstlich verdammte Gesetz also schänd-
lich verwirret ist, dazu durch nachlässig Regiment, sowohl
geistlichen wie weltlichen Schwerts, so viel greulicher Mißbrauch und irrige Fälle sich drinnen begeben haben, daß ich
nicht gern drein sehe, noch gern davon höre. Aber vor Not
hilft kein Scheuen, ich muß hinan, die elenden, verwirreten
Gewissen zu unterrichten, und frisch drein greifen. Und ich
teile diese Predigt in drei Teil.

Das erst Teil

Aufs erst wollen wir sehen, welche Personen mögen miteinander zur Ehe greifen. Und daß wir dazu einen füglichen
Eingang nehmen, nehmen wir vor uns den Spruch Gen. 1:
›Gott schuf den Menschen, daß es ein Männlein und ein
Fräulein sein sollt‹ [1. Mose 1,27]. Aus dem Spruch sind
wir gewiß, daß Gott die Menschen in die zwei Teil geteilet
hat, daß es Mann und Weib oder ein Er und Sie sein soll.
Und das hat ihm also gefallen, daß er's selbst ein gut Geschöpfe nennet. Darum, wie einem jeglichen von uns Gott
seinen Leib geschaffen hat, so muß er ihn haben, und es
stehet nicht in unserer Gewalt, daß ich mich zu einem
Weibsbild oder du dich zu einem Mannsbilde machest, sondern wie er mich und dich gemacht hat, so sind wir: ich
ein Mann, du ein Weib. Und solch gute Gemächt will er
geehrt und unverachtet haben als sein göttlich Werk, daß
der Mann das Weibsbild oder -glied[1] nicht verachte noch

1 Angehörige des weiblichen Geschlechts.

spotte, wiederum das Weib den Mann nicht, sondern ein jeglicher ehre des andern Bild und Leib als ein göttlich gut Werk, das Gott selbst wohl gefället.

Zum andern. Da er Mann und Weib gemacht hatte, segenet er sie und sprach zu ihnen: ›Wachset und mehret euch‹ [1. Mose 1,28]. Aus dem Spruch sind wir gewiß, daß Mann und Weib sollen und müssen zusammen, daß sie sich mehren. Und dies ist ja so hart als das erste und noch weniger zu verachten noch zu lachen denn das erste, sintemal hierzu Gott seinen Segen gibt und etwas über die Schöpfung hinaus tut. Darum, also wenig es in meiner Macht steht, daß ich kein Mannsbild sei, also wenig stehet es auch bei mir, daß ich ohn Weib sei. Wiederum auch, also wenig als in deiner Macht stehet, daß du kein Weibsbild seist, also wenig stehet es auch bei dir, daß du ohn Mann seiest. Denn es ist nicht eine frei Willkür oder Rat, sondern ein nötig, natürlich Ding, daß alles, was ein Mann ist, muß ein Weib haben, und was ein Weib ist, muß einen Mann haben.

Denn dies Wort, da Gott spricht: ›Wachset und mehret euch‹, ist nicht ein Gebot, sondern mehr denn ein Gebot, nämlich ein göttlich Werk, das nicht bei uns stehet zu verhindern oder nachzulassen, sondern es ist eben also not, als daß ich ein Mannsbild sei, und nötiger denn Essen und Trinken, Fegen und Auswerfen,[2] Schlafen und Wachen. Es ist eine eingepflanzte Natur und Art eben so wohl als die Gliedmaßen, die dazu gehören. Drum, gleich wie Gott niemandem gebietet, daß er Mann sei oder Weib, sondern schaffet, daß sie so müssen sein, also gebietet er auch nicht, sich zu mehren, sondern schafft, daß sie sich müssen mehren. Und wo man das will wehren, da ist's dennoch unverwehret und gehet doch durch Hurerei, Ehebruch und stumme Sünd[3] seinen Weg, denn es ist Natur und nicht Willkür hierinnen.

Zum dritten. Aus diesem Geschöpfe hat er dreierlei Men-

schen selbst herausgezogen, Matt. 19 [Matth. 19,12], da er
spricht: ›Es sind etliche verschnitten⁴, die sind aus Mutter-
leib also geboren, etliche sind, die von Menschenhänden verschnitten sind, etliche aber, die sich selbst verschnitten haben ums Himmelreichs willen.‹ Über diese dreierlei hinaus
vermesse sich kein Mensch, ohn ehlich Gemahl zu sein. Und
wer sich nicht befindet in dieser dreier Zahl, der denke nur
zum ehlichen Leben, denn da wird nichts anderes draus, du
bleibst nicht fromm, das ist unmöglich, sondern das Wort
Gottes, das dich geschaffen hat und gesagt: ›Wachs und
mehre dich‹, das bleibt und regiert in dir, und kannst ihm
dich mitnichten nehmen, oder wirst greuliche Sünd ohn
Aufhören tun müssen.
Und dagegen soll dich nicht irren, ob du zehen Eid, Gelübd,
Bünd und eitel Eisen- oder Diamanten-Pflicht getan hät-
test. Denn also wenig du kannst geloben, daß du kein
Manns- oder Weibsbild sein wolltest – und ob du es gelobtest, so wäre es eine Narrheit und gälte nichts, denn du
kannst dich nicht anders machen –, also wenig kannst du
auch geloben, daß du dich nicht samen⁵ oder mehren wolltest, wo du dich nicht in der dreier Zahl befindest. Und ob
du es gelobtest, so wäre es auch eine Narrheit und gälte
nichts, denn Samen und dich Mehren ist Gottes Geschöpfe
und nicht in deiner Macht.
Daraus du nun siehest, wie weit und lange alle Kloster-
gelübd gelten, daß keines Knaben oder Maidlein Gelübd
gilt vor Gott, es sei denn in der dreier Zahl eine, die Gott
alleine und selbst herausgezogen hat. Also daß Pfaffen,
Mönch und Nonnen schuldig sind ihr Gelübd zu lassen, wo
sie sich finden, daß Gottes Geschöpfe, sich zu samen und
zu mehren, in ihnen kräftig und tüchtig ist, und sie keine
Macht haben, durch einmalige Gewalt, Gesetz, Gebot, Gelübd solches Geschöpfe Gottes an sich selbst zu hindern.
Hindern sie es aber, so sei du gewiß, daß sie nicht rein blei-

4 zur Ehe untauglich.
5 beischlafen.

ben und mit stummen Sünden oder Hurerei sich besudeln
müssen. Denn sie vermögen Gottes Wort und Geschöpf an
sich nicht zu wehren, es gehet, wie es Gott gemacht hat.
Die ersten aber, die Christus ›aus Mutterleibe verschnitten
geborn‹ nennet, das sind die, die man Impotentes heißt, die
von Natur aus untüchtig sind, sich zu samen und zu mehren, als die kalte und schwache Natur oder sonst Mangel
am Leib haben, damit sie nicht geschickt sind, ehlich zu
leben, als man wohl findet beides, Manns- und Weibsbilder.
Diese lasse man fahren, die hat Gott selber herausgezogen
und also geschaffen, daß der Segen nicht über sie gekommen ist, daß sie sich mehren könnten. Die gehet das Wort
nichts an: ›Wachset und mehret euch‹, gleich als wenn Gott
jemand lahm oder blind schaffet, die sind frei, daß sie nicht
gehen oder sehen könnten.
Von solchen hab ich einmal geschrieben einen Rat für die
Beichtväter,[6] wo ein Mann oder Weib käme und wollt
lernen, wie es sich tun sollt, weil sein ehlich Gemahl ihm
nicht leisten könnt die ehlich Pflicht und sie doch nicht
entbehren könnte, weil sich's fände, daß Gottes Geschöpfe,
sich zu mehren, in ihm seine Macht hätte. Hier haben sie
mir Schuld gegeben, ich soll gelehret haben, wenn ein Mann
seinem Weib nicht gnug dem Kitzel büßen könnte, soll sie
zum andern laufen. Aber laß lügen die verkehrten Lügner.
Es wurden Christo und seinen Aposteln ihre Wort verkehret, sollten sie denn nicht auch mir meine Wort verkehren?
Weß der Schaden sein wird, werden sie wohl finden.
Ich hab also gesagt: Wenn ein tüchtig Weib zur Ehe einen
untüchtigen Mann zur Ehe bekäme und könnte doch keinen
andern öffentlich nehmen und wollt auch nicht gerne wider
die Ehre tun, sintemal der Papst hier viel Zeugen und We-
sens ohn Ursach fordert, solle sie zu ihrem Mann also sagen: ›Siehe, lieber Mann, du kannst mein nicht schuldig
werden[7] und hast mich um meinen jungen Leib betrogen,

---

6 In der Schrift *De captivitate Babylonica* (Von der babylonischen Gefangenschaft der Kirche, 1520).
7 du kannst mir nicht geben, was du mir schuldig bist.

dazu in Gefahr der Ehre und Seelen Seligkeit gebracht, und ist vor Gott keine Ehe zwischen uns beiden. Vergönne mir, daß ich mit deinem Bruder oder nächsten Freund[8] eine heimlich Ehe habe und du den Namen habest, auf daß dein Gut nicht an fremde Erben komme, und laß dich wiederum williglich betrügen durch mich, wie du mich ohn meinen Willen betrogen hast.‹

Ich hab weiter gesagt, daß der Mann schuldig ist, solchs zu bewilligen und ihr die ehlich Pflicht und Kinder zu verschaffen. Will er das nicht tun, soll sie heimlich von ihm laufen in ein anderes Land und daselbst freien. Solchen Rat hab ich zu der Zeit gegeben, da ich noch scheu war. Aber jetzt wollt ich wohl besser drein raten und einem solchen Mann, der ein Weib also aufs Narrnseil führet, wohl besser in die Wolle greifen. Desselbengleichen auch einem Weibe, wiewohl das seltsamer[9] ist denn mit Männern. Es gilt nicht, seinen Nächsten in solchen großen, hohen Sachen, die Leib, Gut, Ehre und Seligkeit betreffen, so leichtfertig mit der Nase herumzuführen. Man müßt es ihn redlich zahlen heißen.

Die andern, die Christus heißet ›mit Menschenhänden verschnitten‹, die Kapaunen[10], sind ein unselig Volk, denn, ob sie wohl untüchtig sind zur Ehe, so sind sie doch böser Lust nicht los und werden frauensüchtiger denn vorhin und ganz weibisch, und es gehet ihnen nach dem Sprichwort: ›Wer nicht singen kann, will immer singen‹, also werden auch diese geplagt, daß sie desto lieber bei Weibern sind und doch nichts vermögen. Nun, die lassen wir auch fahren, die sind auch aus dem natürlichen Orden[11], zu wachsen und zu mehren, gesetzt, wiewohl mit Gewalt und nur mit der Tat.

Die dritten sind die hohen, reichen Geister von Gottes Gnaden aufgezäumet, die von Natur und Geschick des Leibs

8 nächsten Verwandten.
9 seltener.
10 Eunuchen.
11 Ordnung.

tüchtig sind zur Ehe und bleiben doch williglich ohn Ehe.
Diese sprechen also: ›Ich möcht und könnt wohl ehlich
werden, aber es gelüstet mich nicht. Ich will lieber am Him-
melreich, das ist am Evangelium, schaffen und geistliche
Kinder mehren.‹ Diese sind seltsam, und unter tausend Menschen nicht einer, denn es sind Gottes besondere Wunder-
werk, deß sich niemand unterwinden soll, Gott rufe ihn
denn besonders wie Jeremias [Jer. 1,5; 16,2], oder er be-
finde Gottes Gnade so mächtig in sich, daß jenes Gotteswort ›Wachset und mehret euch‹ keine Stätte an ihm
habe.

Aber über diese dreierlei Menschen hinaus hat der Teufel
durch Menschen Gott überklügelt und mehr Leut gefunden,
die er aus dem göttlichen und natürlichen Orden hat herausgezogen, nämlich, die mit Spinnweb verfasset sind (das
ist mit Menschengebot und -gelübden), darnach mit viel
eisernen Schlössern und Gittern verschlossen, das ist die
vierte Weise, der Natur zu wehren, daß sie sich nicht same
noch mehre, wider Gottes eingepflanztes Werk und Art,
gerade als wäre es in unserer Hand und Macht, Jungfrauschaft zu haben wie Kleider und Schuh. Aber wenn man
mit eisernen Gittern und Schlössern könnt Gottes Geschöpf
und Wort wehren, hofft ich, wir wollten auch so dicke und
große eisern Gitter vorsetzen, daß aus Weibern Männer
würden oder aus Menschen Stein und Holz. Es ist der Teufel, der mit der armen Kreatur also sein Affenspiel treibt
und seinen Zorn also büßt.

Zum vierten. Nun wollen wir die Personen sehen, die miteinander zur Ehe greifen mögen, damit man sehe, wie ich
keinen Gefallen noch Lust hab, daß man Ehe zerreiße,
Mann und Weib scheide. Denn der Papst hat in seinem
geistlichen Recht achtzehnerlei Ursach erdichtet, die Ehe zu
wehren und zu reißen, die ich doch fast alle verwerfe und
verdamme. Und zwar er sie auch selber nicht fester noch
stärker hält, denn bis man sie mit Gold und Silber um-
stoße, und sie auch nur dazu erfunden sind, daß sie Geld-
netz und Seelstrick sein sollten, 2. Pet. 2 [2. Petr. 2,14].

Aber auf daß ihre Narrheit an Tag komme, wollen wir sie alle achtzehn nacheinander sehen.

Die erste Ursach ist die Blutfreundschaft[12]. Hier haben sie die Ehe verboten bis ins dritte und vierte Glied. Wo du nun hier nicht Geld hast, und ob dir's Gott wohl gönnet, so darfst du doch deine Muhme im dritten und vierten Glied nicht nehmen, oder mußt sie von dir tun, so du sie genommen hast. Ist aber Geld da, so ist dir's erlaubt. Denn sie haben Weiber feil, solche Krämer, die doch nie ihr eigen worden sind. Kannst du dich nun wider diese Tyrannei schützen[13], so will ich dir zählen die Personen, die Gott verboten hat, Levit. 18 [3. Mose 18,7 ff.], nämlich meine Mutter, meine Stiefmutter, meine Schwester, meine Stiefschwester, meines Kinds rechte oder Stieftochter, meines Vaters Schwester, meiner Mutter Schwester. Dieser Personen kann ich keine nehmen.

Daraus folgt, daß sich Geschwisterkinder zusammen nehmen mögen göttlich und christlich. Item, ich kann meiner Stiefmutter Schwester haben, item meines Vaters Stiefschwester, item meiner Mutter Stiefschwester. Weiter, ich mag meines Bruders oder Schwester Tochter haben, wie Abraham seine Sara hatte. Dieser Personen ist keine vor Gott verboten. Denn Gott rechnet nicht nach den Gliedern, wie die Juristen tun, sondern zählet stracks die Personen. Sonst, weil des Vaters Schwester und des Bruders Tochter in gleichem Glied sind, müßt ich sagen, daß ich entweder meines Bruders Tochter nicht nehmen könnt oder auch meines Vaters Schwester nicht zu nehmen vermöcht. Nun hat Gott Vaters Schwester verboten und Bruders Tochter nicht verboten, die doch in gleichem Glied sind. Auch findet man in der Schrift, daß mit allerlei Stiefschwestern nicht so hart gesponnen ist gewesen[14]. Denn Thamar, Absalonis Schwester, meinet, sie hätte ihren Stiefbruder Amon wohl haben können, 2. Regum 13 [2. Sam. 13,13].

---

12 Mit ›Freundschaft‹ ist hier und im folgenden ›Verwandtschaft‹ gemeint.
13 damit du dich nun wider diese Tyrannei schützen kannst.
14 es nicht so genau genommen worden ist.

Die ander Ursach ist die Magschaft oder Schwägerschaft. Hier haben sie auch vier Glieder gesetzt, daß ich nach meines Weibs Tod nicht darf wieder in ihre Freundschaft greifen, da mein Weib hinreicht ins dritte und vierte Glied, wo mir nicht Geld zu Hilfe kommt. Aber Gott hat diese Personen verboten: nämlich meines Vaters Bruders Weib, meines Sohns Weib, meines Bruders Weib, meine Stieftochter, meines Stiefsohns oder Stieftochter Kind, meines Weibs Schwester, solange mein Weib lebt. Dieser Personen kann ich keine haben, die andern mag ich haben, und darf dennoch kein Geld drum geben, nämlich meiner Braut oder Weibs Schwester nach ihrem Tod, meines Weibs Brudertochter, meines Weibs Vetterntochter, und alles, was meines Weibs Geschwisterkinder sind und was sie ihre Muhmen oder Basen heißt. Wenn aber ein Bruder ohn Erben starb, mußte sein Weib im Alten Testament ihres Manns nächsten Freund haben, um ihrem Mann einen Erben zu zeugen, das ist nun nicht mehr geboten, doch auch nicht verboten.

Die dritte Ursach ist die geistliche Freundschaft, nämlich wenn ich eine Magd aus der Tauf hebe oder zur Firmelung trage, so kann ich oder mein Sohn weder sie noch ihre Mutter noch ihre Schwester zur Ehe nehmen, es sei denn gar ein redlich und weidlich Geld da. Das ist doch ein lauter Narrnwerk und Alfanzerei[15] nur um Gelds willen und die Gewissen zu verwirren erdichtet. Sage mir, ist's nicht größer, wenn ich die Taufe selber nehme, denn wenn ich dazu helfe? So müßt ich nun kein Christenweib nehmen, sintemal alle getauften Weiber aller getauften Männer geistliche Schwestern sind durch einerlei Tauf, Sakrament, Glauben, Geist, Herrn, Gott und ewiges Erbe [Eph. 4,3].

Warum verbietet der Papst nicht auch, daß kein Mann sein Weib behalte, wenn er sie das Evangelium lehret? Sintemal, wer den anderen lehret, der ist sein geistlicher Vater, wie Sankt Paulus 1. Corinth. 4 [1. Kor. 4,15] rühmet, er sei ihrer aller Vater, und spricht: ›Ich hab euch in Christo

---

15 Possen, Betrug; von ital. *all' avanzo* ›zum Vorteil‹.

durchs Evangelium geboren.‹ Mit der Weise hätt er kein
Weib zu Korinth dürfen nehmen, noch kein Apostel auf
Erden, darum, daß sie jedermann lehreten und tauften.

Darum laß das Narrnwerk fahren und, so du willst, so
nimm, Gott gebe, es sei Gevatter, Pate oder Gevatterntoch-
ter, -schwester oder wie sie sind, und halt diese erdichtete,
geldsüchtige Ursach für nichts. Hindert dich das nicht, daß
die Magd Christin ist, so laß dich weniger hindern, daß du
sie getauft, gelehret, aus der Taufe gehoben hast. Sonderlich
aber meide das Affenspiel der Firmelung, welches ein rechter Lügentand ist. Ich laß zu, daß man firmele, insofern,
daß man wisse, daß Gott nicht davon gesagt hat, auch
nichts darum wisse, und daß es erlogen sei, was die Bischöfe
darinnen vorgeben. Sie spotten unseres Gottes, sagen, es sei
ein Sakrament Gottes, und ist doch eigene Menschenerfin-
dung.

Die vierte Ursach ist die weltliche Freundschaft[16], nämlich,
wenn ein fremdes Kind zum Sohn oder Tochter wird auf-
genommen, das kann sich darnach nicht verheiraten mit
desselbigen Manns oder Weibs Kindern oder seine weltlichen Geschwister nehmen. Das ist auch ein Menschentand
und nichts wert. Darum halt es, ob dich's gelüstet, es ist
weder deine Mutter noch deine Schwester vor Gott, da du
fremds Blut bist; doch es dienet auch in der Küche und
gibt Geld, darum es auch verboten ist.

Die fünfte ist Unglaube, nämlich, daß ich keine Türkin,
Jüdin oder Ketzerin nehmen darf. Mich wundert, daß sich
die Freveltyrannen nicht in ihrem Herzen schämen, so öffentlich wider den hellen Text Pauli 1. Cor. 7 [1. Kor. 7,13]
sich zu setzen, da er spricht: ›Will ein heidnisch Weib oder
Mann bei dem Christengemahl bleiben, soll er sich nicht
von ihr scheiden‹, und St. Petrus 1. Pet. 3 [1. Petr. 3,1]
sagt, daß die christlichen Weiber sollen guten Wandel führen, daß sie damit ihre unchristlichen Männer bekehren, wie
St. Augustini Mutter Monica tat. Darum wisse, daß die Ehe

16 Adoption.

ein äußerlich, leiblich Ding ist wie andere weltliche Hantierung. Wie ich nun kann mit einem Heiden, Juden, Türken, Ketzer essen, trinken, schlafen, gehen, reiten, kaufen, reden und handeln, also kann ich auch mit ihm ehelich werden und bleiben, und kehre dich an der Narren Gesetze, die solchs verbieten, nichts. Man findet wohl Christen, die ärger sind im Unglauben inwendig (und derer ist das größere Teil) denn kein Jude, Heide oder Türke oder Ketzer. Ein Heide ist eben so wohl ein Mann und Weib, von Gott wohl und gut geschaffen als St. Peter und St. Paul und St. Lucia, geschweige denn als ein loser, falscher Christ.

Die sechst ist Crimen, Laster. Derselben sind sie nicht wohl eins, wieviel sie ihrer dichten, doch sind's fast eine drei: Wenn jemand eine Magd[17] beschlief, so kann er nicht nehmen ihre Schwester oder Muhme. Item, wer mit einem Weib die Ehe bricht, der kann nach ihres Manns Tod sie nicht haben. Item, wenn ein Weib oder Mann um eines andern willen, den sie liebt, ihren Gemahl umbringt, so kann sie darnach denselben auch nicht nehmen. Hier regnet's Narrn über Narrn, glaube du ihnen nichts, irre dich auch nicht, der Teufel reitet sie. Laster und Sünd soll man strafen, aber mit anderer Straf, nicht mit Ehe verbieten. Darum hindert kein Laster oder Sünd die Ehe. David brach die Ehe mit Bachsaba, Urias Weib, und ließ dazu ihren Mann töten, daß er alle beide Laster erwirkt, noch gab er dem Papst kein Geld und nahm sie darnach zur Ehe und zeuget den König Salomon mit ihr.

Ich muß hier besser drein greifen. Sie setzen auch den Fall, die klugen Leut, wenn es geschähe, daß ein Mann mit seines Weibs Mutter oder Schwester sündigte, welches vor der Ehe ein Laster wäre, das die Ehe hinderte und zerrisse, aber nun es nach der Ehe geschieht, nichts zerreißen kann um des Weibs willen, das keine Schuld dran hat, so soll doch das des Manns Straf sein, daß er bei seinem Weib liege und nicht Macht hab, die Eheschuld zu fordern. Da siehe, was

---

17 Hier und im folgenden in der Bedeutung ›Mädchen‹.

der Teufel durch seine Narrn in der Ehe schafft, legt Mann
und Weib zusammen und spricht: Sei kein Mann noch
Weib, legt Feuer und Stroh beieinander, und gebietet, es
soll nicht brennen. Wenn man solch Gebot das zehente Teil
auf den Papst legt, wie sollt er rasen und toben und über
Gewalt Unrecht schreien? Aus mit den großen Narren, laß
du die Ehe frei bleiben, wie sie Gott gesetzt hat, und straf
die Sünd und Laster mit andern Strafen, nicht mit der Ehe
und andern Sünden.

Die siebent heißen sie publica honestas, die Ehrbarkeit.
Nämlich, wenn mir meine Braut stirbt, ehe ich sie heim
hole, so darf ich nicht nehmen ihre Schwester bis ins vierte
Glied. Darum, daß den Papst dünkt und scheinbarlich
träumet, es sei fein und ehrbarlich, daß ich's nicht tu, ich
gäbe denn Geld, so ist die Ehrbarkeit nicht mehr. Aber
droben hast du gehört, daß ich meines Weibs Schwester
und alle ihre Freundinnen nehmen mag nach ihrem Tod,
ohn ihre Mutter und Tochter, bleib dabei und laß die Narren fahren.

Die acht ist Gelübd, nämlich, wer Keuschheit gelobt hat in-
nerhalb oder außerhalb des Klosters. Hier rat ich: wenn du
weislich geloben willst, so gelobe, die Nase dir selber nicht
abzubeißen, das kannst du halten. Ist aber das Gelübd geschehen, so hast du droben gehöret, daß du dich selbst er-
fühlen sollst, ob du in der dreier Zahl seist, die Gott herausgezogen hat. Fühlest du dich nicht drinnen, so laß Gelübd und Kloster fahren und geselle dich nur bald zu deinem Naturgesellen und werd ehlich. Denn dein Gelübd ist
wider Gott und gilt nichts, und sprich: ›Ich hab gelobt, was
ich nicht habe und nicht mein ist.‹

Die neunte ist Irrtum, wenn mir Katherin angetrauet wurde
und sie legten mir Barbara bei, wie Jakob mit Lea und Rahel geschah, das mag man zerreißen und die andere freien.

Die zehente ist Conditio, Anhang, wenn ich eine nähme,
die da frei sein sollt, und es befände sich darnach, daß sie
eigen wäre, das gehet auch wohl hin. Aber ich halt, wo
christlich Liebe wäre, könnt der Mann diese beiden Ur-

sachen leicht ändern, daß keine große Not da wäre. Auch
so geschieht solchs beides jetzt nimmer oder gar selten, und
ist beides wohl zu fassen in eins, nämlich in Irrtum.

Die elft ist die heilige Weihe, nämlich, daß die Platte[18] und
das liebe Öl so stark ist, daß es die Ehe wegfrisset und aus
einem Mann keinen Mann macht, also muß ein Epistoler,
Evangelier und Priester ohn Ehe sein, wiewohl St. Paulus
geboten hat, sie sollten und könnten ehlich sein, 2. Timo. 3.
Tit. 1 [1. Tim. 3, 2.12; Tit. 1,6]. Aber davon hab ich sonst
so viel geschrieben, daß hier nicht not ist zu wiederholen.
Denn ihre Narrheit ist genugsam an Tag gebracht, und was
dies Hindernis für Vorteil geschaffen hat den Geweiheten,
siehet man wohl.

Die zwölfte ist Zwang, wenn ich mein Weiblein Grete haben
muß und dazu gezwungen werde, es sei von Eltern oder mit
Gewalt der Obrigkeit, das ist freilich keine Ehe vor Gott.
Aber doch sollt ein solcher den Zwang nicht bewilligen und
drob das Land meiden, auf daß er die Magd oder Weib
nicht aufs Narrnseil führet und betröge. Denn damit bist
du nicht entschuldiget, daß du dazu gezwungen bist. Du
solltest dich nicht zwingen lassen, deinen Nächsten zu be-
leidigen, und eher das Leben lassen, denn wider die Liebe
tun. Denn du wolltest nicht gern, daß dich jemand belei-
diget, er würde gezwungen oder nicht. Darum könnt ich den
nicht sicher sagen vor Gott, der um dieser Sach willen sich
scheiden lässet. Lieber, wenn dich jemand zwänge, mir zu
stehlen oder mich zu töten, sollt's drum recht sein? Warum
folgest du dem Zwang, der dich wider Gottes Gebot und
wider deinen Nächsten zu tun dringt? Doch die Magd
sprech ich frei los, denn du lässest sie ohn ihre Schuld und
Willen, wie hernach wir hören werden.

Wie aber, wenn einer begriffen wird mit einer Magd, daß
man sie ihm mit der Axt gibt, ob der Zwang auch gälte?
Dieser Zwang gilt nicht, denn die Magd siehet, daß es
Zwang ist, und wird nicht betrogen. Aber doch ist's recht,

18 Tonsur.

daß man ihn zwingt, sie zu behalten, um des willen, daß er sie zunicht gemacht hat, denn solches hat auch Moses geschrieben, daß, wer eine Magd beschläft, soll sie behalten, oder, so ihr Vater nicht will, Geld dafür geben nach ihres Vaters Fordern, Exo. 22 [2. Mose 22,16].

Die dreizehent ist Verbündnis, wenn ich's einer Magd gelobe und nehme darnach eine andere. Dies ist eine weitläufige und gemeine Sach, darin man sich auch viel versucht. Aufs erst, wenn solches Verloben geschieht hinter Vaters und Mutters Wissen und Willen oder derer, die Vatersstatt halten, so bleib es, bei welcher der Vater will, denn ob die Magd wohl betrogen wird, so ist's doch ihre Schuld. Sintemal sie wissen sollt, daß ein Kind seinem Vater untertänig gehorsam sein sollt und ohn sein Wissen sich nicht verloben, auf daß alle solche heimlichen Gelübd, die viel Unglück machen, also durch der Eltern Gewalt und Gehorsam aufhören und ablassen. Wo aber das nicht ist, acht ich, er soll bei der ersten bleiben, denn er hat sich ihr ergeben und ist nicht mehr sein selbst, darum hat er der andern nicht können geloben, das der ersten und nicht sein war.

Tut er's aber und fähret fort, bis daß er Kinder mit der andern zeuget, so bleib er bei derselbigen, denn sie ist auch betrogen und zu größerm Schaden gekommen, wo er von ihr weicht, denn die erste, darum hat er an beiden gesündigt. Aber die erste kann ihrem Schaden nachkommen, weil sie noch ohn Kinder ist. Drum soll sie der andern aus Liebe weichen und einen andern nehmen, denn sie ist frei von ihm, weil er sie verlassen hat und sich einer andern gegeben. Doch sollt man ihn Strafen und Buß geben lassen der ersten, der er das Ihre vergeben hat.

Die vierzehente ist, die droben berührt ist, wenn Mann oder Weib untüchtig zur Ehe ist, das ist die einzige redliche Ursach unter diesen achtzehen, die Ehe zu reißen, wiewohl sie dennoch mit viel Gesetzen verfasset ist, ehe man's zuwege bringen kann bei den Tyrannen. Darnach sind noch vier Ursach, als das Verbot der Bischöfe, verbotene Zeit, Gewohnheit und Gebrechen des Gesichts und Gehörs, welche jetzt nicht not sind zu handeln, denn es faule, lahme Zoten sind, daß ein Bischof mir sollt ein Weib verbieten oder Zeit setzen zu freien, oder daß ein Blinder und Stummer sollt nicht zur Ehe greifen dürfen. Darum sei der Alfanzerei diesmal gnug zum ersten Teil.

Das ander Teil

Aufs ander wollen wir sehen, welche Personen man scheiden möge. Drei Ursachen weiß ich, die Mann und Weib scheiden. Die erste, die jetzt und droben gesagt ist, wenn Mann oder Weib untüchtig zur Ehe ist der Gliedmaßen oder Natur halber, wie das sein mag, davon ist gnug gesagt.

Die ander ist der Ehebruch, von dieser haben die Päpst geschwiegen, darum müssen wir Christum hören Matt. 19 [Matth. 9,3 ff.]. Da ihn die Juden fragten, ob ein Mann sein Weib lassen möcht aus allerlei Ursach, antwortet er: ›Habt ihr nicht gelesen, daß, der den Menschen von Anfang schuf, der macht sie einen Mann und ein Weib und sprach: Darum wird ein Mann lassen Vater und Mutter und an seinem Weib hangen, und werden zwei ein Fleisch sein. Was Gott zusammenfüget, das soll niemand scheiden.‹ Da sprachen sie: ›Warum hat denn Moses befohlen, man soll ihr einen Scheidbrief geben und sie lassen?‹ Er antwortet: ›Das hat Moses geboten um eures harten Herzens willen, daß ihr eure Weiber lasset. Aber von Anfang war es nicht also. Ich sag euch aber, wer sein Weib lässet, es sei denn um Hurerei willen, und nimmt eine andere, der bricht seine Ehe, und wer die Verlassene nimmt, der bricht auch die Ehe.‹

Hier siehest du, daß um's Ehbruchs willen Christus Mann und Weib scheidet; das, welches unschuldig ist, mag sich verändern. Denn damit, daß er spricht, es sei ein Ehbruch, wer eine andere nimmt und lässet die erste, es sei denn um Hurerei willen, gibt er gnugsam, daß der nicht Ehbruch tut, der eine andere nimmt und die erste lässet um Hurerei willen. Aber die Juden ließen um allerlei Ursach willen ihre Wei-

ber, obschon keine Hurerei da war, wenn sie nur wollten;
das ist so grob, daß sie es selbst zuviel dünkt. Drum fragten
sie ihn, ob's auch recht wäre, und versuchten ihn, was er zu
Moses' Gesetz sagen wollt.

Denn im Gesetz Mosi gab Gott zweierlei Regiment und Gebot: etliche geistlich, die vor Gott Frommheit lehreten, als
Lieb und Gehorsam ist; welche diese Gesetz hielten, die stie-
ßen ihre Weiber nicht von sich und brauchten den Scheidbrief nimmer, duldeten und trugen ihrer Weiber Sitten. Etliche aber sind weltlich und um derer willen, die die geistlichen Gebot nicht hielten, daß denselben doch auch ein
Maß gesteckt wurde, daß sie verfasset wurden, nicht ganz
nach ihrem Mutwillen zu tun, und nicht Ärgeres täten. Also
gebot er ihnen, wenn sie ja ihre Weiber nicht leiden könnten, daß sie sie dennoch nicht töteten oder sonst ihnen zu
viel Leids täten, sondern ließen sie von sich mit einem Briefe.
Darum gilt solch Gesetz bei den Christen nicht, welche sollen im geistlichen Regiment leben. Wo aber etliche unchristlich leben mit ihren Weibern, wäre es noch gut, daß man
solch Gesetz sie ließe brauchen, sofern, daß man sie für
keine Christen hielte, was sie doch sonst nicht sind.

So haben wir nun, daß um Ehbruchs willen eins das andere
lassen mag, wie auch Salomon sagt proverb. 18 [Spr. 18,22]:
›Wer eine Ehbrecherin hält, der ist ein Narr‹, und des haben wir das Exempel Joseph, Matt. 1 [Matth. 1,19], welchen der Evangelist lobt, er sei gerecht gewesen, darum daß
er sein Weib Maria nicht rüchtiget[19], sondern heimlich lassen wollt, da er sah, daß sie schwanger war. Damit hier uns
gnugsam gesagt ist, daß es lobenswert ist, wer eine Ehbrecherin lässet. Wiewohl der Mann, wenn der Ehbruch heimlich ist, die Macht hat, beides zu tun, das erst, daß er sein
Weib heimlich und brüderlich strafe und behalte, so sie
sich bessern will, das ander, daß er sie lasse, wie Joseph
tun wollt, wiederum das Weib auch also. Diese zwei Strafen sind christliche Strafen und löblich.

19 öffentlich anklagt, ihr übel nachredet; vgl. ›Gerücht‹.

Aber öffentlich sich scheiden also, daß sich eins verändern kann, das muß durch weltlich Verkündung und Gewalt zugehen, daß der Ehbruch offenbar sei für jedermann, oder, wo die Gewalt nicht dazu tun will, mit Wissen der Gemeinde man sich scheide, daß abermal nicht ein jeglicher sich Ursach nähm, sich zu scheiden, wie er will.

Fragst du denn, wo soll das andere bleiben, wenn es vielleicht auch nicht kann Keuschheit halten? Antwort: Darum hat Gott im Gesetz geboten, die Ehbrecher zu steinigen, daß sie dieser Frage nicht bedürften. Also soll auch noch das weltlich Schwert und Obrigkeit die Ehbrecher töten, denn wer seine Ehe bricht, der hat sich schon selbst geschieden und ist für einen tot Menschen geachtet. Darum mag sich das andere verändern, als wäre ihm sein Gemahl gestorben, wo er das Recht halten und ihm nicht Gnad erzeigen will. Wo aber die Obrigkeit säumig und lässig ist und nicht tötet, mag sich der Ehbrecher in ein anderes, fernes Land machen und daselbst freien, wo er sich nicht halten kann, aber es wäre besser: Tot, tot mit ihm, um bösen Exempels willen zu meiden.

Wird aber jemand dies anfechten und sagen, damit wird Luft und Raum gegeben allen bösen Männern und Weibern, voneinander zu laufen und in fremden Ländern sich zu verändern. Antwort: Was kann ich dazu? Es ist der Obrigkeit Schuld, warum erwürget man die Ehbrecher nicht? So müßt ich solchen Rat nicht geben. Es ist hier unter zwei bösen Dingen eins besser, nämlich daß nicht Hurerei geschehe, denn einen Ehbrecher in andern Ländern sich lassen verändern und erachten, er sei auch vor Gott sicher, weil ihm sein Leben gelassen wird und er sich doch nicht enthalten kann. Laufen aber dem Exempel nach auch andere voneinander, so laß laufen, sie haben nicht Ursach wie dieser, denn sie werden nicht vertrieben noch gezwungen. Gott und ihr Gewissen wird sie wohl finden zu seiner Zeit, wer kann aller Bosheit wehren?

Doch wo die Obrigkeit nicht tötet, und ein Gemahl das andere behalten will, soll man es öffentlich nach dem Evan-

gelium christlich strafen und büßen lassen, wie alle andere
öffentliche Sünde zu strafen eingesetzt ist, Matth. 18
[Matth. 18,15 ff.]. Denn es sind nicht mehr denn diese drei
Strafen auf Erden unter den Menschen: eine heimlich und
brüderlich, und die evangelische öffentliche vor der Gemeinde getan, und die von weltlicher Obrigkeit geschieht.
Die dritte Sache ist, wenn sich eins dem andern selbst be-
raubt und entzieht, daß es die ehliche Pflicht nicht zahlen,
noch bei ihm sein will, als man wohl findet so ein halsstar-
riges Weib, das seinen Kopf aufsetzt, und sollt der Mann
zehen Mal in Unkeuschheit fallen, so fragt sie nicht darnach.
Hier ist's Zeit, daß der Mann sage: ›Willst du nicht, so will
eine andere, will die Frau nicht, so komme die Magd.‹ So
doch, daß der Mann es ihr zuvor zwei- oder dreimal sage und
warne sie und laß es vor andere Leut kommen, daß man
öffentlich ihre Halsstarrigkeit wisse und vor der Gemeinde
strafe, will sie dann nicht, so laß sie von dir und laß dir
eine Esther geben und die Vasthi fahren, wie der König
Assuerus tat [Esth. 1,12].
Hier sollst du dich gründen auf St. Paulus' Wort 1. Corin. 7
[1. Kor. 7,4 f.]: ›Der Mann ist seines Leibs nicht mächtig,
sondern das Weib, und das Weib ist seines Leibs nicht mächtig, sondern der Mann. Beraube eins das andere nicht, es sei
denn aus beider Bewilligung‹ etc. Siehe, da verbietet St. Paulus, sich untereinander zu berauben, denn im Verlöbnis gibt
eins dem andern seinen Leib zum ehlichen Dienst. Wo nun
eins sich sperret und nicht will, da nimmt und raubet es
seinen Leib, den es gegeben hat dem andern, das ist denn
eigentlich wider die Ehe und die Ehe zerrissen. Darum muß
hier weltliche Obrigkeit das Weib zwingen oder umbringen.
Wo sie das nicht tut, muß der Mann denken, sein Weib sei
ihm genommen von Räubern und umgebracht, und nach
einer andern trachten. Müssen wir doch leiden, wenn jemandem sein Leib genommen wird, warum sollt man denn nicht
leiden, daß ein Weib sich selbst dem Mann raubete oder
von andern geraubt wurde?
Über diese drei Ursach hinaus ist noch eine, die Mann und

Weib lässet scheiden, aber doch also, daß beide fortan ohn
Ehe bleiben oder sich wieder versöhnen müssen. Die ist,
wenn Mann und Weib nicht über der ehelichen Pflicht,
sondern um anderer Sach willen sich nicht betragen. Davon
spricht St. Paulus 1. Cor. 7 [1. Kor. 7,10 f.]: ›Denen, die in
der Ehe sind, sage nicht ich, sondern der Herr, daß den
Mann das Weib nicht lasse; lässet es aber ihn, daß sie ohn
Ehe bleibe oder sich wieder mit ihm versöhne. Desselbengleichen, daß der Mann das Weib nicht lasse.‹ Von solchen
Weibern klagt auch Salomon viel in den Sprüchen und
spricht, er hab ein Weib gefunden, das sei bitterer denn der
Tod [Pred. 7,27]. So findet man auch manchen wüsten,
wilden, unerträglichen Mann.

Nun, wenn hier eines von christlicher Stärke wäre und
trüge des andern Bosheit, das wäre wohl ein fein seligs
Kreuz und ein richtiger Weg zum Himmel. Denn ein solch
Gemahl erfüllet wohl eines Teufels Amt und feget den
Menschen rein, der es erkennen und tragen kann. Kann er
aber nicht, ehe denn er Ärgeres tu, so laß er sich lieber
scheiden und bleibe ohn Ehe sein Leben lang. Daß er aber
wollt sagen, es sei seine Schuld nicht sondern des andern,
und wollt ein anderes ehelich Gemahl nehmen, das gilt nicht,
denn er ist schuldig, Übel zu leiden, oder allein durch Gott
vom Kreuz sich nehmen zu lassen, weil die Ehepflicht nicht
versagt wird. Es gehet hier das Sprichwort: ›Wer des Feuers
haben will, muß den Rauch auch leiden.‹

Wie denn, wenn jemand ein krank Gemahl hat, das ihm zur
ehelichen Pflicht kein Nutz worden ist, mag der nicht ein
anderes nehmen?[20] Beileibe nicht, sondern diene Gott in dem
Kranken und warte sein, denke, daß dir Gott an ihm hat
ein Heiltum in dein Haus geschickt, damit du den Himmel
sollst erwerben. Selig und aber selig bist du, wenn du
solch Gab und Gnad erkennest und deinem Gemahl also um
Gottes willen dienest. Sprichst du aber: ›ja, ich kann mich
nicht halten‹, das lügst du; wirst du mit Ernst deinem kran-

---

20 Vgl. *Eine Predigt vom Ehestand,* Das vierte Teil; in dieser Ausgabe
S. 73 f.

ken Gemahl dienen und erkennen, daß dir's Gott gesandt
hat, und ihm danken, so laß ihn sorgen, gewißlich wird er
dir Gnad geben, daß du nicht mußt tragen mehr, denn du
kannst. Er ist viel zu treu dazu, daß er dich deines Gemahls also mit Krankheit berauben sollt, und nicht auch
dagegen entnehmen des Fleischs Mutwillen, wo du anders
treulich dienest deinem Kranken.

Das dritte Teil

Aufs dritte, daß wir auch etwas nützlich zur Seelen Seligkeit vom ehelichen Leben reden, wollen wir nun sehen, wie
man den Orden christlich und gottgefällig führen soll. Ich
will aber schweigen und liegen lassen die ehelich Pflicht,
wie die zu reichen und zu weigern sei, als etliche Säupredi-
ger an diesem Stück unverschämt gnug sind, die Unlust zu
rühren. Etliche aber setzen auch besondere Zeiten dazu und
nehmen die heiligen Nächte und schwangere Leiber aus. Ich
laß bleiben, da es St. Paulus 1. Cor. 7 [1. Kor. 7,9] gelassen
hat, da er spricht: ›Es ist besser freien denn brennen.‹ Item
[1. Kor. 7,2]: ›ein jeglicher hab sein Weib und eine jegliche
ihren Mann, zu meiden Hurerei.‹ Wiewohl nun christliche
Eheleut ihre Leiber sollen nicht lassen regiern in der Suche
böser Lust, wie Paulus den Thessalonichern [1. Thess. 4,5]
schreibt, so muß doch ein jeglicher sich selbst prüfen, daß
er nicht sich in Gefahr der Hurerei oder anderer Sünd gebe
mit seinem Enthalten, und nicht ansehen heilig oder Wer-
keltag oder andere leibliche Ursachen.
Aber davon wollen wir am meisten reden, daß der ehliche
Stand so ein jämmerlich Geschrei bei jedermann hat. Es
sind viele heidnische Bücher, die nichts denn Weiberlaster
und ehlichen Stands Unlust beschreiben, also, daß etliche
gemeinet haben, wenn die Weisheit selbst ein Weib wäre,
sollt man dennoch nicht freien. Es sollt einmal ein römi-
scher Ratsherr die jungen Gesellen reizen, Weiber zu nehmen (denn die Stadt bedurft viel Volks um täglichen Kriegs

willen), da sprach er unter andern Worten: ›Liebe Gesellen,
wenn wir ohn Weiber leben könnten, so wären wir ja einer
großen Unlust überhoben. Aber weil sich's ohn sie nicht
lebet, so nehmt Weiber‹ etc. Solch Rede ward von etlichen
getadelt als nicht aus der Kunst getan, und hat die Gesellen mehr abgeschreckt. Aber die andern sprachen: Weil Me-
tellus ein tapfer Mann wäre, hätt er recht geredet, denn ein
redlich Mann soll die Wahrheit sagen ohn Scheu und Heu-
chelei.
Also haben sie beschlossen, daß ein Weib sei ein nötigs Übel
und kein Haus ohn solch Übel. Das sind nun blinder Heiden Worte, die nicht wissen, daß Mann und Weib Gottes
Geschöpfe sei, und sie lästern ihm sein Werk, gerad als
käme Mann und Weib unversehens daher. Ich halt auch,
wenn die Weiber sollten Bücher schreiben, so würden sie
von Männern auch dergleichen schreiben. Was sie aber nicht
geschrieben haben, das richten sie doch aus mit Klagen und
Klaffen[21], wenn sie beinander sind. Man findet auch noch
täglich Eltern, die ihrer Krankheit vergessen und des Mehls
und wie die Mäus nun satt sind, die ihre Kinder vom ehelichen Stand zu Pfafferei und Nonnerei halten und reizen,
geben vor die Mühe und böse Tage im ehlichen Leben, bringen also ihre eigenen Kinder dem Teufel heim, wie wir
täglich sehen, schaffen ihnen gute Tage am Leib und die
Hölle an der Seele.
Darum, da Gott solch Lästerung seines Werks von den Heiden leiden mußt, gab er ihnen auch ihren Lohn, davon Paulus schreibt Ro. 1 [Röm. 1,24 ff.], und ließ sie fahren in
Hurerei, unreinem Fluß, bis sie hinfort keine Weiber, sondern Knaben und unvernünftige Tier schändeten. Wiederum
die Weiber auch also sich selbst und eine die andere, und
wie sie Gottes Werk verlästerten, gab er sie in verkehreten
Sinn, davon auch die heidnischen Bücher voll, voll sind
aufs allerunverschämtest.
Auf daß wir nun nicht also blind fahren, sondern christlich

---

21 bösartiges Schwatzen, Lästern.

wandeln, so halt aufs erst fest, daß Mann und Weib Gottes
Werk sind, und halt dein Herz und Mund zu und schilt
ihm sein Werk nicht und heiße es nicht böse, das er selber
gut heißt. Er weiß besser, was gut ist und dir nütz, denn du
selbst, wie er spricht Gen. 1 [1. Mose 2,18]: ›Es ist nicht
gut, daß der Mensch allein sei, ich will ihm eine Gehilfin
machen neben ihm.‹ Da siehest du, daß er das Weib gut und
eine Gehilfin nennet. Befindest du es aber anders, so ist's
deine Schuld gewiß, daß du Gottes Wort und Werk nicht
verstehest noch glaubest. Siehe, mit diesem Spruch Gottes
stopfet man das Maul allen, die über die Ehe klagen und
schelten.

Darum die jungen Gesellen sich vorsehen mögen, wenn sie
die heidnischen Bücher lesen und die gemeine Klage hören,
daß sie nicht Gift schöpfen, denn dem Teufel ist nicht wohl
mit dem ehlichen Leben, das macht, es ist Gottes Werk und
guter Wille. Darum hat er in der Welt so viel dawider
schreiben und schreiben lassen, daß er die Leut von dem
göttlichen Leben abschreckt und in den Stricken der Hurerei und stummen Sünde behielte. Das, mich dünkt, hat
auch Salomon, wiewohl er böse Weiber fest schilt, doch
wider solche Gotteslästerer gesagt prover. 18 [Spr. 18,22]:
›Wer ein Weib findet, der findet was Guts und wird ein
Wohlgefallen von Gott erschöpfen.‹ Was ist das Gut und
das Wohlgefallen? Das wollen wir sehen.

Die Welt spricht von der Ehe: Eine kurze Freud und lange
Unlust. Aber laß sie sprechen, was sie will, was Gott schafft
und haben will, das muß ihr ein Spott sein. Was sie auch
für Lust und Freud hat außer der Ehe, acht ich, werde sie
am besten gewahr im Gewissen. Es ist ein gar viel anderes
Ding, ehlich sein und ehliches Leben erkennen. Wer ehlich
ist und ehlich Leben nicht erkennet, der kann nimmer mehr
ohn Unlust, Mühe und Jammer drinnen leben. Er muß
klagen und lästern wie die Heiden und unvernünftige, blinde
Menschen. Wer es aber erkennet, der hat Lust, Liebe und
Freude drinnen ohn Unterlaß, wie Salomon sagt, daß ›Wer
ein Weib findet, der findet was Guts‹, etc.

Die sind's aber, die es erkennen, die festiglich glauben, daß
Gott die Ehe selbst eingesetzt, Mann und Weib zusammen
gegeben, Kinderzeugen und -warten verordenet hat. Denn
sie haben Gottes Wort darauf, des sie gewiß sind, daß er
nicht lügt, Gen. 1 [1. Mose 1,28]. Darum sie auch gewiß
sind, daß ihm der Stand an sich selbst gefället mit allem
seinem Wesen, Werken, Leiden und was drinnen ist. Nun
sage mir, wie kann ein Herz größeres Gut, Fried und Lust
haben denn in Gott, wenn es gewiß ist, daß sein Stand, Wesen und Werk Gott gefället? Siehe, das heißet, ein Weib
finden. Viele haben Weiber, aber wenige finden Weiber.
Warum? sie sind blind, können nicht merken, daß es Gottes
Werk ist und Gott wohlgefalle, was sie mit einem Weib
leben und tun. Wenn sie das fänden, so würde ihnen kein
Weib so häßlich, so böse, so unartig, so arm, so krank sein,
daran sie nicht Lust des Herzens fänden, darum, daß sie
immerdar Gott sein Werk und Geschöpf und Willen könnten aufrücken[22]. Und weil sie sehen, daß es ihres lieben
Gottes Wohlgefallen ist, könnten sie Frieden in Leid und
Lust mitten in der Unlust, Freud mitten in der Trübsal, wie
die Märtyrer im Leiden, haben.

Es fehlet uns nur, daß wir nach unserm Fühlen Gottes Werk
richten und sehen nicht auf seinen Willen, sondern auf unser Gesuch. Darum können wir seine Werk nicht erkennen
und müssen uns das böse machen, was gut ist, und Unlust
empfangen, da Lust ist. Nichts ist so böse, auch der Tod
selbst, daß es nicht süß und erträglich werde, wenn ich nur
weiß und gewiß bin, daß es Gott wohlgefället. Alsobald
folget denn, was Salomon spricht [Spr. 18,22]: ›Er wird ein
Wohlgefallen von Gott erschöpfen.‹

Nun siehe zu, wenn die kluge Hure, die natürliche Vernunft
(welcher die Heiden gefolgt haben, da sie am klügsten sein
wollten), das ehliche Leben ansiehet, so rümpft sie die Nase
und spricht: ›Ach, sollt ich das Kind wiegen, die Windeln
waschen, Betten machen, Gestank riechen, die Nacht wa-

---

22 svw. ›hochhalten, zu Ehren bringen‹.

chen, seines Schreiens warten, seinen Grind und Blattern
heilen, darnach des Weibs pflegen, sie ernähren, arbeiten,
hier sorgen, da sorgen, hier tun, da tun, das leiden und dies
leiden, und was denn mehr an Unlust und Mühe der Ehestand lehret. Ei, sollt ich so gefangen sein? O du elender,
armer Mann, hast du ein Weib genommen, pfui, pfui des
Jammers und der Unlust. Es ist besser, frei bleiben und ohn
Sorge ein ruhiges Leben geführt. Ich will ein Pfaff oder
eine Nonne werden, meine Kinder auch dazu halten.‹

Was sagt aber der christlich Glaube hiezu? Er tut seine Augen auf und siehet alle diese geringen, unlustigen, verachte-
ten Werk im Geist an und wird gewahr, daß sie alle mit
göttlichem Wohlgefallen als mit dem köstlichsten Gold und
Edelsteine geziert sind, und spricht: ›Ach Gott, weil ich
gewiß bin, daß du mich als einen Mann geschaffen und von
meinem Leib das Kind gezeuget hast, so weiß ich auch gewiß, daß dir's aufs allerbeste gefället, und bekenne dir, daß
ich nicht würdig bin, daß ich das Kindlein wiegen solle,
noch seine Windel waschen, noch sein oder seiner Mutter
warten. Wie bin ich in die Würdigkeit ohn Verdienst gekommen, daß ich deiner Kreatur und deinem liebsten Willen zu dienen gewiß worden bin? Ach wie gerne will ich
solchs tun, und wenn's noch geringer und verachteter wäre.
Nun soll mich weder Frost noch Hitze, weder Mühe noch
Arbeit verdrießen, weil ich gewiß bin, daß dir's also wohl
gefället.

Also soll auch das Weib in seinen Werken denken, wenn sie
das Kind säuget, wieget, badet und andere Werk mit ihm
tut und wenn sie sonst arbeitet und ihrem Mann hilft und
gehorsam ist. Es sind alles eitel goldene, edele Werk. Also
soll man auch ein Weib trösten und stärken in Kindesnöten[23], nicht mit St. Margareten[24] Legende und anderm
närrischen Weiberwerk umgehen, sondern also sagen: ›Ge-

23 Vgl. *Eine Predigt vom Ehestand*, Das dritte Teil; in dieser Ausgabe
S. 63–72.
24 Legendäre Märtyrerin zur Zeit Diokletians, eine der Vierzehn Nothelfer, seit alters Schutzpatronin der Schwangeren.

denk, liebe Greta, daß du ein Weib bist, und dies Werk Gott
an dir gefället, tröste dich seines Willens fröhlich und laß
ihm sein Recht an dir. Gib das Kind her und tu dazu mit
aller Macht. Stirbst du darüber, so fahr hin, wohl dir, denn
du stirbest eigentlich im edlen Werk und Gehorsam Gottes.
Ja, wenn du nicht ein Weib wärest, so solltest du jetzt allein
um dieses Werks willen wünschen, daß du ein Weib wärest,
und so köstlich in Gottes Werk und Willen Not leiden und
sterben. Denn hier ist Gottes Wort, das dich also geschaffen, solche Not in dir gepflanzet hat. Sage mir, ist das nicht
auch (wie Salomon sagt) Wohlgefallen von Gott schöpfen,
auch mitten in solcher Not?‹

Nun sage mir: Wenn ein Mann hinginge und wüsche die
Windel oder tät sonst am Kinde ein verächtlich Werk, und
jedermann spottete sein und hielt ihn für einen Maulaffen
und Frauenmann, so er's doch tät in solcher obgesagter Meinung und christlichem Glauben, Lieber, sage, wer spottet
hier des andern am feinsten? Gott lacht mit allen Engeln
und Kreaturn nicht, daß er die Windel wäscht, sondern
daß er's im Glauben tut. Jener Spötter aber, die nur das
Werk sehen und den Glauben nicht sehen, spottet Gott mit
aller Kreatur als der größten Narrn auf Erden, ja, sie spotten sich nur selbst und sind des Teufels Maulaffen mit ihrer
Klugheit.

Also tat St. Cyprianus, der treffliche, große Mann und
heilige Märtyrer, und schreibt,[25] man soll ein Kindlein,
wenn es geborn und noch ungetauft ist, küssen zu Ehren
der göttlichen Hände als auf frischer Tat begriffen. Was
meinst du, würd er sagen von einem getauften Kindlein?
Das ist ein rechter Christenmann gewesen, der Gottes Werk
und Kreaturn recht erkannt und angesehen hat. Darum sage
ich, daß alle Nonnen und Mönche, die ohn Glauben sind
und sich ihrer Keuschheit und ihres Ordens trösten, nicht
wert sind, daß sie ein getauft Kind wiegen oder ihm einen
Brei machen sollten, wenn's gleich ein Hurkind wäre. Ur-

sach: denn ihr Orden und Leben hat kein Gotteswort für
sich, mögen sich auch nicht rühmen, daß Gott gefalle, was
sie tun, wie ein Weib es tun kann, ob's gleich ein unehelich
Kind trägt.

Das sag ich darum, daß wir lernen, wie gar ein edles Ding
es ist, wer in dem Stand ist, den Gott eingesetzt hat, und
darinnen Gottes Wort und Wohlgefallen ist, dadurch alle
Werk, Wesen und Leiden solchen Stands heilig, göttlich und
köstlich werden, daß wohl Salomon einem solchen Mann
Glück wünscht und spricht proverb. 5 [Spr. 5,18]: ›freu
dich mit dem Weib deiner Jugend.‹ Und Eccle. IX [Pred.
9,9]: ›brauch des Lebens mit deinem Weib, das du lieb hast,
dein Leben lang in dieser eitelen Zeit.‹ Diese Wort redet
Salomon ohn Zweifel nicht um fleischlicher Freude willen,
denn der Heilige Geist redet durch ihn, sondern tröstet die
in Gott, so da viel Mühe im ehlichen Leben haben, wider
die Lästerer göttlichen Ordens, die nicht mehr denn wie die
Heiden fleischlich und zeitlich Wollust drinnen suchen und
nicht finden.

Wiederum lernen wir, wie unselig der geistlich Mönch- und
Nonnenstand ist an sich, da kein Gotteswort ist noch
Wohlgefallen, da alle Werk, Wesen und Leiden unchristlich,
vergeblich und schädlich sind; das wohl Christus sagt und
sie schreckt Matt. 15 [Matth. 15,9]: ›Vergeblich dienen sie
mir in Menschengeboten.‹ Darum ist ja kein Gleichen zwischen einem Eheweib und einer Klosterfrau, wo jene in
Erkenntnis und Glauben ihres Stands und diese ohn Glauben in Vermessenheit ihres geistlichen Stands lebt, gleichwie
Gottes Wege und Menschenwege kein Gleichen haben, als
er spricht Jsa. 55 [Jes. 55,9]: ›Wie hoch der Himmel ist
über der Erde, so hoch sind meine Wege über euren Wegen.‹
Es ist eine große Gnad, wer Gottes Wort für sich hat, daß
er aufrücken kann und mit Gott reden und sagen: ›Siehe,
das hast du gesagt, das ist dein Wohlgefallen.‹ Was liegt
einem solchen Menschen dran, ob's aller Welt übel gefalle
und ein Spott sei.

Daß aber auch die Eheleut zum größeren Teil eitel Unlust

und Jammer haben, ist nicht wunder, denn sie haben von
Gottes Wort und Willen über ihren Stand kein Wissen, darum sind sie ebenso unselig als Mönch und Nonnen, auf beiden Seiten ohn Trost und Zuversicht göttlichen Wohlgefal-
lens. Darum es unmöglich ist, daß sie die äußerliche Unlust
und Mühe wohl tragen sollten, denn es ist dem Menschen
zu viel, inwendig und auswendig Unlust haben. Wenn sie
inwendig ihren Stand nicht erkennen, daß er Gott gefället,
so ist schon Unlust da. Wenn sie denn äußerliche Lust drinnen suchen, so fehlet es ihnen, und schlägt also Unlust mit
Unlust zusammen, daher denn muß kommen das Zeter-
geschrei und Schreiben über Weiber und ehlichen Stand.

Denn Gottes Orden und Werk will und muß auf Gottes
Wort und Zuversicht angenommen und getragen werden,
oder es tut Schaden und wird unerträglich. Darum mäßigt
St. Paulus 1. Cor. 7 [1. Kor. 7,28] seine Wort fein, da er
sagt: ›Die Ehlichen werden fleischlich Trübsal haben‹, das
ist äußerliche Unlust. Aber er schweigt von der geistlichen,
innerlichen Lust, darum daß äußerliche Unlust gemein ist
beiden, Gläubigen und Ungläubigen, dazu auch des ehelichen Stands Art und Eigenschaft. Aber rechte Lust drinnen
haben kann niemand, der nicht solchen Stand im Glauben
festiglich erkennet, daß er Gott gefalle und vor ihm teuer
geachtet sei mit allen seinen Werken, wie geringe sie auch
sind. Geringe sind sie und verächtlich, aber wir kommen
alle daher und haben ihrer alle bedurft, und wäre kein
Mensch, wo sie nicht wären. Darum gefallen sie Gott, der
sie also verordnet hat und unser damit pflegt als eine Mutter in aller Güte.

Nun siehe, bisher hab ich vom ehlichen Leben nichts erzählet denn eben das, welches die blinde Welt und Vernunft
scheuet und lästert als ein böse und unlustig, sauer Wesen,
und wir haben gesehen, wie das alles so viel edler Tugend
und rechter Lust in sich hat, so man auf Gottes Wort und
Willen acht hat und das Wesen dadurch erkennet. Denn ich
will schweigen, was für Nutz und Lust mehr drinnen sei,
wenn ein solch Stand wohl gerät, daß Mann und Weib sich

lieb haben, eines sind, eins des andern wartet und was mehr
Gutes dran ist, auf daß mir nicht jemand das Maul stopfe
und spreche, ich rede von dem, das ich nicht erfahren habe,
und es sei mehr Galle denn Honig drinnen. Ich rede davon
nach der Schrift, die mir gewisser ist denn alles Erfahren
und lügt mir nicht. Hat jemand über das mehr Guts dran,
der hat soviel mehr zu Gewinn und danke Gott. Es muß ja
gut sein, was Gott gut heißet, es sei denn, daß man es nicht
erkenne oder verkehrlich mißbrauche.

Drum laß ich anstehen, was Guts oder Böses die Erfahrung
gibt, und folge weiter der Schrift und Wahrheit nach, was
die für Guts ihm zuschreibt. Und ist das nicht ein geringes
Gut, daß durch solch Leben die Hurerei und Unkeuschheit
nachbleibt und verwehret wird, welchs so ein groß Gut
ist, daß es alleine gnug wäre zu reizen, aufs allereilendst
ehlich zu werden aus vielen Ursachen. Die erste, daß Hurerei nicht allein die Seel, sondern auch Leib, Gut, Ehre und
Freundschaft verdirbt, denn wir sehen, wie das hurisch und
bübisch Leben nicht allein groß Schand, sondern auch ein
unredliches Leben ist und mehr kostet denn ein ehliches Leben, dazu auch mehr leiden muß eins vom andern denn
ehliche Leut leiden beinander. Über das verzehret es den
Leib, verdirbt Fleisch und Blut, Natur und Complexion[26].
Und Gott stellet sich mit solchen mancherlei bösen Anfäl-
len, als wollt er die Leut schlechts[27] treiben von der Hurerei zum ehlichen Leben, wiewohl sich wenige daran keh-
ren.

Doch haben's etliche besonnen und sind aus eigener Erfahrung inne geworden, daß sie ein fein, edel Sprichwort drauf
gemacht haben und gesagt: ›Früh aufstehen und früh freien,
das soll niemand gereuen.‹ Warum? Ei, da werden doch
Leut daraus, die gesunden Leib, gut Gewissen, Gut und Ehre
und Freund behalten, welches alles sich durch Hurerei zer-
rüttelt und zerstreuet, das gar schwerlich wieder zusam-
mengebracht wird und unter hundert nicht einem gelinget.

26 Leibesbeschaffenheit, Aussehen; vgl. neuengl. *complexion* ›Teint‹.
27 schlichtweg, geradewegs.

Diesen Nutzen hat Sankt Paulus angeführt 1. Corint. 7
[1. Kor. 7,2]: ›Um der Hurerei willen hab ein jeglicher sein
Weib und eine jegliche ihren Mann.‹
Nicht allein aber dienet der ehliche Stand einem jeglichen
zu seines Leibs, Gutes, Ehre und Seele Nutz, sondern auch
ganzen Städten und Ländern, daß sie Gottes Plagen überhoben bleiben. Denn wir wissen wohl, daß fast die greu-
lichsten Plagen sind über Land und Leut gegangen der Hurerei halber. Denn diese Sünd wird angeführt, darum die
Welt mit der Sintflut ersäuft ward, Gen. 6 [1. Mose 6,4 ff.],
und Sodom und Gomorra mit Feuer versengt, Gen. 19
[1. Mose 19,4 ff.], und viel andere Plagen die Schrift mehr
anzeigt, auch bei heiligen Leuten als wie David, Salomon,
Sampson, und noch täglich Gott neue und mehr Plagen
sendet, wie wir vor Augen sehen.
Es meinen viele damit dem ehlichen Stand zu entlaufen,
daß sie eine Zeitlang wollen ausbuben[28] und darnach fromm
werden. Ja, Lieber, wenn unter tausend einer gerettet wird,
so ist's wohl geraten. Was keusch leben soll, das wird zeitig
angefangen und nicht mit Hurerei erlangt, sondern ohn
Hurerei aus Gottes Gnade oder durch die Ehe. Wir sehen
auch wohl, wie sie geraten täglich. Es mag wohl mehr ein-
gebubet als ausgebubet[29] heißen. Der Teufel hat solches
aufgebracht und solche verflucht Sprichwort erdichtet: ›Es
muß einmal genarret sein.‹ Item: ›Wer's nicht tut in der
Jugend, der tut's im Alter.‹ Item: ›ein junger Engel, ein
alter Teufel‹, dahingehend auch der Poet Terentius und
mehr Heiden lauten. Heiden sind's, heidnisch, ja teufelisch
reden sie.
Freilich ist's wahr, daß der buben muß, der nicht ehlich
wird, wie sollt's anders zugehen? Sintemal Gott Mann und
Weib, sich zu besamen und zu mehren, geschaffen hat. Warum kommt man aber der Büberei nicht zuvor durch die
Ehe? Denn wo besondere Gnad nicht herauszieht, da will
und muß die Natur sich samen und mehren. Geschieht's

---

28 sich in Ausschweifungen, Bübereien austoben.
29 mehr der Büberei verfallen als der Büberei entkommen.

nicht in der Ehe, wo sollt's anders denn in Hurerei oder
ärgeren Sünden geschehen? Wie denn, sprechen sie, wenn
ich weder ehlich noch bübisch würd und hielt mich mit
Gewalt? Hörst du nicht, daß es ungehalten[30] ist ohn die
besondere Gnad? Denn Gottes Wort läßt sich nicht aufhal-
ten, lügt auch nicht, da er spricht: ›Wachset und mehret
euch‹, das Wachsen und Mehren kannst du weder wehren
noch halten, es ist Gottes Werk und gehet seinen Weg.

Daher auch die Ärzte nicht übel reden, daß sie sprechen,
wo man mit Gewalt hält dieser Natur Werk, da muß es in
das Fleisch und Blut schlagen und Gift werden, daraus
denn ungesunde, schwache und schwindsüchtige, stinkende
Leiber werden, denn was zur Frucht und Mehrung sollt
kommen, das muß der Leib in sich selbst verzehren. Wo
denn da nicht ungeheurer Hunger oder schwere Arbeit oder
die hohe Gnad ist, da wird's dem Leib zu viel, und er muß
ungesund und siech davon werden. Daher man auch siehet,
wie schwach und ungesund die unfruchtbaren Weiber sind;
die aber fruchtbar sind, sind gesünder, reinlicher und lusti-
ger. Ob sie sich aber auch müde und zuletzt tottragen, das
schadet nicht, laß sie sich nur tottragen, sie sind drum da.
Es ist besser, kurz gesund denn lange ungesund leben.

Das Allerbest aber im ehlichen Leben, um welchs willen
auch alles zu leiden und zu tun wäre, ist, daß Gott Frucht
gibt und befiehlt aufzuziehen zu Gottes Dienst, das ist auf
Erden das alleredelst, teuerst Werk, weil Gott nichts Lie-
bers geschehen mag denn Seelen erlösen. Nun wir denn alle
schuldig sind, wo es not wäre, zu sterben, daß wir eine
Seele zu Gott bringen möchten, so siehest du, wie reich der
ehlich Stand ist von guten Werken, dem Gott die Seelen in
den Schoß gibt, von eigenem Leibe erzeuget, an welchen sie
können alle christlichen Werk üben. Denn gewißlich ist
Vater und Mutter der Kinder Apostel, Bischof, Pfarrer, in-
dem sie das Evangelium ihnen kund machen. Und kurz,
keine größere, edlere Gewalt auf Erden ist denn die der

30 nicht zu halten, unmöglich.

Eltern über ihre Kinder, sintemal sie geistlich und weltlich Gewalt über sie haben. Wer den andern das Evangelium lehret, der ist wahrlich sein Apostel und Bischof. Hüte und Stäbe und große Länder machen wohl Götzen, aber Evangelium lehren macht Apostel und Bischöfe. Darum siehe, wie gut und reich es sei, was Gottes Werk und Ordnung ist.

Ich will's hie lassen und andern anbefehlen, weiter zu suchen, was Guts und Nutzens der ehlich Stand mehr habe, denn ich will nur die erzählet haben, die ein christlich Mensch haben kann, seine Ehe christlich zu führen, daß er, wie Salomon sagt [Spr. 18,22], vor Gott sein Weib finde und von Gott Wohlgefallen erschöpfe. Denn ich will damit die Jungferschaft nicht verwerfen, noch davon zum ehlichen Leben reizen. Ein jeglicher fahre, wie er kann und sich fühlet, daß es ihm gegeben ist von Gott. Alleine den Lästermäulern hab ich wollen wehren, die den ehlichen Stand so weit unter den Jungferstand werfen, daß sie sagen dürfen, wenngleich die Kinder sollten heilig werden, so wäre dennoch Keuschheit besser. Man soll keinen Stand vor Gott besser sein lassen denn den ehlichen. Der Keuschheit Stand ist wohl besser auf Erden, weil der weniger Sorge und Mühe hat, und nicht um seiner selbst willen, sondern darum, daß er besser predigen und Gottes Worts warten kann, wie St. Paulus 1. Cor. 7 [1. Kor. 7,35] sagt. Gottes Wort und Predigen macht den keuschen Stand besser denn der ehliche ist, wie ihn Christus und Paulus geführet haben. An sich selber aber ist er viel geringer.

Am Ende haben wir vor uns eine große, starke Einrede zu beantworten. Ja, sagen sie, es wäre gut, ehlich zu werden, wie will ich mich aber ernähren?[31] Ich hab nicht: nimm ein Weib und iß davon etc. Das ist freilich das größte Hindernis, das am allermeisten Ehe hindert und zerreißt und aller Hurerei Ursach ist. Aber was soll ich dazu sagen? Es ist Unglaub und Zweifel an Gottes Güte und Wahrhaftig-

---

31 Vgl. dazu *Eine Predigt vom Ehestand*, Das dritte Teil; in dieser Ausgabe S. 64 f.

keit. Darum ist's auch nicht wunder, wo der ist, daß eitel Hurerei folge und alles Unglück. Es fehlet ihnen daran, sie wollen zuvor des Gutes sicher sein, wo sie Essen, Trinken und Kleider hernehmen. Ja, sie wollen den Kopf aus der Schlinge ziehen, Gen. 3 [1. Mose 3,19]: ›Im Schweiß deines Angesichts sollst du dein Brot essen‹, faule, gefräßige Schelme wollen sie sein, die nicht arbeiten müssen. Drum wollen sie freien, wenn sie reiche, hübsche, fromm, freundliche Weiber haben können, ja harre, wir wollen dir sie malen lassen.

Aber laß solche Heiden fahren, wir reden mit ihnen nicht, und ob's ihnen gelänge, daß sie ihre Gattung bekämen, würde es doch eine ungläubige und unchristliche Ehe bleiben. Sie trauen Gott, solange sie wissen, daß sie seiner nicht bedürfen und Vorrat haben. Wer aber christlich will ehlich sein, der muß sich nicht schämen, arm und verachtet zu sein, geringe Werk zu tun. Er muß sich daran genügen lassen, aufs erst, daß Gott sein Stand und Werk wohlgefalle. Aufs ander, daß ihn Gott gewißlich wird ernähren, wenn er nur arbeitet und schafft, so viel er kann, und wenn er nicht ein Junker und Fürst sein kann, daß er ein Dienstknecht und -magd sei.

Denn Gott hat verheißen, Matt. 6 [Matth. 6,31.33]: ›Sorget nicht, was ihr essen, trinken und anlegen sollt, sucht zuvor Gottes Reich und sein Recht, so soll euch das alles zufallen.‹ Item ps. 36 [Ps. 37,25]: ›Ich bin jung gewesen und alt geworden und hab noch nie gesehen den Gerechten verlassen, noch seine Kinder nach Brot gehen.‹ Wer nun nicht glaubt, was ist's wunder, wenn er Hunger, Durst und Frost leide und nach Brot gehe? Siehe an Jakob, den heiligen Erzvater, der hatte doch gar nichts in Syria und hütete nur die Schaf und bekam Güter, daß er vier Weiber ernähret mit großem Gesind und Kindern und dennoch gnug hatte. So ward Abraham und Isaak und Lot auch reich und viele Heilige mehr im Alten Testament.

Und zwar hat Gott gnug bewiesen, wie er für uns sorge, daß er, Gen. 1, alle Ding eher schuf und bereitet im Him-

mel und auf Erden, mit allen Tieren und Gewächs, ehe er
den Menschen schuf; damit er anzeigt, wie er uns allzeit
Futter und Decke gnug übrig im Vorrat bestellet hab, ehe
wir ihn darum bitten. Es ist nur zu tun, daß wir arbeiten
und nicht müßig gehen. Ernähret und bekleidet sind wir
gewiß. Aber der leidige Unglaube lässet es nicht zu und
siehet, greift und fühlet doch: wenn er sich gleich zu Tod
sorget, daß er nicht ein Körnlein auf dem Feld machen
noch behalten kann. Dazu, wenn schon alle seine Gemächer
voll, voll wären, daß er davon dennoch nicht einen Bissen
noch Faden gebrauchen kann, Gott behalte ihn denn gesund
und lebendig und bewahre ihm seine Habe. Dennoch hilft's
nicht.

Darum zu beschließen: Wer sich nicht findet geschickt zur
Keuschheit, der tu beizeiten dazu, daß er etwas schaffe und
zu arbeiten hab, und wag's darnach in Gottes Namen und
greif zur Ehe. Ein Knabe aufs längste, wenn er zwanzig,
ein Maidlein, wenn es um fünfzehn oder achtzehn Jahr ist,
so sind sie noch gesund und geschickt, und lasse Gott sorgen, wie sie mit ihren Kindern ernähret werden. Gott macht
Kinder, der wird sie auch wohl ernähren. Hebt er dich und
sie nicht hoch auf Erden, so laß dir genügen, daß er dir
eine christlich Ehe gegeben hat und dich erkennen lassen,
daß er dich dort hoch erhebe, und sei ihm dankbar um
solch seine Güter und Gaben.

Aber mit all diesem Preis des ehlichen Lebens will ich nicht
der Natur zugegeben haben, daß keine Sünde da sei, sondern ich sage, daß Fleisch und Blut, durch Adam verderbt,
in Sünden empfangen und geboren wird, laut des 50. Psalms
[Ps. 51,7], und daß keine Ehepflicht ohn Sünd geschieht.
Aber Gott verschonet sie aus Gnade darum, daß der ehliche
Orden sein Werk ist und behält auch mitten und durch die
Sünd hindurch all das Gut, das er darein gepflanzt und
gesegenet hat.

Ursach und Antwort, daß Jungfrauen Klöster göttlich verlassen mögen

(1523)

Dem vorsichtigen und weisen Leonhard Koppen, Bürger zu Torgau, meinem besondern Freunde, Gnad und Fried, Martinus Luther

Gnad und Fried in Christo. Es ist freilich also wie die Schrift sagt, daß niemand kann Frommen oder Schaden tun, er sei denn dazu verordenet von Gott, wie der Prophet sagt 4. Reg. 5 [2. Kön. 5,1] von dem Naaman zu Syrien, daß Gott durch denselben Glück und Heil gab dem Land Syrien. Wiederum vom Könige Pharao schreibt Mose, daß er nicht aus seinem Vermögen die Kinder Israel bedränget, sondern Gott verstockt sein Herz, da er spricht zu ihm: ›Darum hab ich dich erweckt, daß ich meine Macht an dir beweise, auf daß mein Name verkündigt werde in allen Landen‹ [2. Mose 9,16]. Daher trotzt auch Jesajas 41 [Jes. 41,23] allen Gottlosen und spricht: ›Trotzt und tut Frommen oder Schaden, laßt sehen, was könnt ihr?‹ Und Machab. 5 [1. Makk. 5,62] steht geschrieben: ›Sie waren nicht des Samens der Männer, durch welche Heil und Glück Israel widerführe.‹

Möchtet Ihr sagen: ›Worauf will das hinaus?‹ Da hinaus, daß Ihr ein neu Werk getan habt, davon Land und Leut singen und sagen werden, welchs viele werden für großen Schaden ausschreien. Aber die es mit Gott halten, werden's für großes Frommen preisen, auf daß Ihr gewiß seid, daß es Gott also verordenet hat und es nicht euer eigenes Werk noch Rat ist, und gehen lasset derjenigen Geschrei, die es für das allerärgest Werk tadeln werden und von Gott weder für verordenet noch befohlen achten. ›Pfui, Pfui‹, werden sie sagen, ›der Narr Leonhard Koppen hat sich durch den verdammten, ketzrischen Mönch lassen fangen und fährt zu und führet neun Nonnen auf einmal aus dem Kloster und hilft ihnen, ihr Gelübd und klösterlich Leben zu verleugnen und zu verlassen.‹

Hier werdet Ihr abermal sagen: ›Das ist wahrlich heimlich gehalten und wohl verborgen, ja verraten und verkauft, daß auf mich gehetzet werde das ganze Kloster zu Nimbschen, weil sie nun hören, daß ich der Räuber gewesen bin. Antworte ich: ›Ja, freilich ein seliger Räuber, gleich wie Christus ein Räuber war in der Welt, da er durch seinen Tod dem Fürsten der Welt seinen Harnisch und Hausgerät nahm und führt ihn gefangen. Also habt Ihr auch diese armen Seelen aus dem Gefängnis menschlicher Tyrannei geführt eben um die rechte Zeit auf die Ostern, da Christus auch der Seinen Gefängnis gefangen nahm.‹

Daß ich aber solchs ausrufe und nicht heimlich halte, tu ich aus redlichen Ursachen. Erstlich, daß es nicht darum ist durch mich angeregt, daß es sollt heimlich bleiben. Denn was wir tun, das tun wir in Gott und scheuen uns des nicht am Licht. Wollt Gott, ich könnt auf solche oder andere Weise alle gefangenen Gewissen erretten und alle Klöster ledig machen. Ich wollt mich darnach nicht scheuen, es zu bekennen samt allen, die dazu geholfen hätten, tröstlicher Zuversicht, Christus, der nun wieder hat sein Evangelium an Tag gebracht und des Endechrists[1] Reich zerstöret, würde hier Schutzherr sein, ob's auch das Leben kosten müßte.

Zum andern tu ich's, der armen Kinder und ihrer Freundschaft[2] Ehre zu erhalten. Denn wie hoch die blinden Frevelrichter solchs auf Erden für Ketzerei und Abtrünnigkeit schelten (welchs seinen Richter wohl finden wird), so haben wir doch das verwahret, daß jemand sagen darf, sie seien durch lose Buben unredlich hinausgeführt worden und hätten ihrer Ehre in Gefahr sich begeben, dieweil man Euch und die Euren kann anzeigen. Dazu muß das jedermann lassen ehrbarlich gehandelt sein, daß sie nicht einzeln, eine hier hinaus, die andern da hinaus gelaufen sind, sondern

---

1 Antichrist, Widerchrist.
2 Hier und im folgenden in der Bedeutung ›Verwandtschaft‹.

allesamt beieinander mit aller Zucht und Ehre an redliche Stätt und Orte gekommen, damit den Lästermäulern die Ursach genommen werde, ihre lügenhaftigen Zungen mit frommen Kindern zu waschen. Denn daß sie solchs wider Gott und ihr Gelübd getan schelten, wollen wir leiden und wagen.

Zum dritten, zu warnen die Herrn vom Adel und alle frommen, biederen Leute, so Kinder in Klöstern haben, daß sie selbst dazu tun und sie herausnehmen, auf daß nicht Ärgers hernach folge. Denn wiewohl viele des Adels und biedere Leute, der Sache von Gottes Gnaden verständig, ihre Kinder oder Freunde wohl gern heraus hätten und doch das Exempel scheuen, als die ersten Bahn zu brechen. Nun aber sie sehen, daß so viel Ehrbarer Kinder mit verwahrter Zucht und Ehre die Bahn gebrochen haben und des bekenntlich sind, werden sie mutiger und durstiger werden. Werden aber etliche zorniger, das muß man lassen geschehen und sich nicht verwundern. Denn sie denken, es sei unrecht, nachdem sie bisher verführt nicht anders gelehret worden sind. Es wird mit der Zeit besser werden.

Das sei meine Entschuldigung gegen Euch der Sünde halber, daß ich solchs Euer Werk verraten und offenbart habe. Auf daß ich aber auch unser aller Wort rede, sowohl meins, der ich's geraten und gebeten, und Eures mit den Euern, die Ihr's ausgerichtet, und der Jungfrauen, die der Erlösung bedurft haben, will ich hiemit kürzlich vor Gott und aller Welt Rechenschaft und Antwort geben, wiewohl ich's sonst in andern Büchlein reichlich getan habe, daß alle christlichen Herzen merken sollen, wie wir nicht das unsere, sondern zuvor Gottes Ehre und des Nächsten Bestes gesucht haben. Aber den unchristlichen Herzen wollen wir ihren Sinn lassen, bis sie es besser verstehen.

Aufs erst, daß die Kinder zuvor selbst ihre Eltern und Freundschaft aufs allerdemütigst ersucht und gebeten haben um Hilf herauszukommen, mit vernünftigen, gnugsamen Ursachen angezeigt, daß ihnen solch Leben der Seele Seligkeit halber nicht länger zu dulden sei, sich daneben erboten,

zu tun und zu leiden, was fromme Kinder tun und leiden
sollen. Welchs ihnen alles abgeschlagen und versagt ist, und
sie also von jedermann verlassen sind; damit sie recht und
redlich Ursach gehabt haben, ja genötigt und gedrungen
sind, ihr Gewissen und ihre Seele zu erretten, anderswo, wie
sie haben können, Hilf und Rat zu suchen. Und diejenigen,
die hier haben können helfen und raten, es schuldig gewesen sind, aus christlicher Liebe Pflicht, die Seelen und Gewissen zu erretten.

Zum andern ist das eine hohe, wichtige Ursach und Not,
daß man leider die Kinder, sonderlich das schwache Wei-
bervolk und junge Mägde[3], in die Klöster stößet, reizt und
gehen läßt, wo doch keine täglich Übung ist göttlichen
Worts, ja selten oder nimmermehr das Evangelium einmal
recht gehöret wird. Und sie werden doch in den höchsten
Kampf gestellet: Nämlich um die Jungfrauschaft zu strei-
ten, da kaum und gar selten auch diejenigen bestehen, die
mit Gottes Wort allenthalben gerüstet und mit hoher, seltsamer, wunderbarlicher Gnad erhaben sind. Es bedarf der
Mühe, die ehliche Keuschheit zu halten auch mit Beistand
göttlichen Worts, und dies junge, törichte, unerfahrne Wei-
bervolk wird dahin gestoßen, da der Streit am härtesten
und mächtigsten ist. O die unbarmherzigen Eltern und
Freunde, die mit den Ihren so greulich und schrecklich fahren, o die blinden und tollen Bischöfe und Äbte, die hier
nicht sehen noch fühlen, was die armen Seelen leiden und
wie sie verderben.

Diese Ursach, daß man Gottes Wort ermangeln muß, ist
alleine gnug, ob sonst keine andere wäre, uns alle zu entschuldigen, ja zu loben und zu preisen vor Gott und der
Welt, daß man aus Klöstern zu laufen helfen und raten soll,
daß die Seelen heraus gerissen, geführt, gestohlen und geraubt werden, wie man kann, unangesehen, ob tausend Eid
und Gelübd geschehen wären. Denn wissentlich ist's, daß in
Klöstern, sonderlich Nonnenklöstern, Gottes Wort täglich

3 Mädchen.

nicht gehet, und an den meisten Orten nimmermehr, sondern sie sich nur blähen und treiben mit Menschengesetzen und -werken. So ist's wiederum gewiß, daß man ohn Gottes Wort täglich vor Gott nicht leben kann. Und kein Gelübd vor Gott gelten oder halten kann, damit man sich an den Ort verbindet, da kein Gotteswort gehet, und den Ort läßt, da Gottes Wort gehet. Denn es ist solch Gelübd ebensoviel als Gott verleugnen, weil wir alle zu Gottes Wort verbunden sind.

Aufs dritte ist das kundlich und offenbar, daß ein Mensch kann wohl gezwungen werden, vor der Welt zu tun, das er nicht gerne tut. Aber vor Gott und in Gottes Dienst soll und kann kein Werk noch Dienst gezwungen und ungerne geschehen. Denn Gott gefallen nicht und er will auch nicht haben gezwungene, unwillige Dienste, wie St. Paulus 2. Corin. 9 [2. Kor. 9,7] sagt: ›Gott hat lieb einen fröhlichen Geber‹, ohn Zweifel ist er wiederum feind einem unfröhlichen, unwilligen Geber. Daher auch St. Paulus die edle Jungfrauschaft nicht haben will, wo sie erzwungen und unwillig geschieht, 1. Corin. 7 [1. Kor. 7,25 ff.]. Solche fröhliche Lust aber zu Gottes Dienst gibt weder Kloster noch Kappe[4], weder Gelübd noch Werk, sondern allein der Heilige Geist.

Wie viele, meinst du aber, daß Nonnen in Klöstern sind, da das täglich Gotteswort nicht gehet, die fröhlich und mit Lust ungezwungen ihren Gottesdienst tun und Orden tragen? Freilich unter tausend kaum eine. Was ist's denn, daß du solchs Kind lässest also sein Leben und alle seine Werk verlieren und dazu die Hölle damit verdienen? Wäre es nicht besser, wenn sie schon etwas ungerne und mit Unlust tun soll, sie wäre ehlich und tät solche Mühe und Unlust im ehlichen Stand äußerlich gegen die Menschen, als ihren Mann, Kind, Gesind und Nachbarn etc.? Weil denn Gott kein Dienst gefällt, es gehe denn willig von Herzen und mit Lust, so folget, daß auch kein Gelübd weiter gelten

4 Nonnenhaube.

noch geschehen noch gehalten werden soll, denn sofern die
Lieb und Lust da ist, das ist, sofern der Heilige Geist da
ist. Darum, nun solch Gelübd ohn Lust und Geist geschieht,
achtet's Gott nicht und nimmt's nicht an, daß also dies auch
eine gnugsame Ursach ist, Gelübd und Kloster zu lassen
und jedermann herauszuhelfen in einen andern Stand.

Aufs vierte, wiewohl man sich dieser Ursach schier schämen
muß, so ist's doch fast der größesten eine, Kloster und
Kappe zu lassen: Nämlich, daß unmöglich ist, daß die
Gabe der Keuschheit so gemeine sei als die Klöster sind.
Denn ein Weibsbild ist nicht geschaffen, Jungfrau zu sein,
sondern Kinder zu tragen wie Gen. 1 [1. Mose 1,28] Gott
sprach nicht alleine zu Adam, sondern auch zu Eva: ›Seid
fruchtbar und mehret euch‹, wie das auch die leiblichen
Gliedmaß weiblichen Leibs, von Gott dazu eingesetzt, beweisen. Und solchs ist nicht zu einem Weib, noch zu zweien,
sondern zu allen gesagt und keine ausgeschlossen, Gott ziehe
sie denn selber heraus, nicht durch unser Gelübd oder freien
Willen, sondern durch seinen eigenen Rat und Willen mäch-
tiglich. Wo er das nicht tut, soll ein Weibsbild ein Weib
bleiben, Frucht tragen, dazu es Gott geschaffen hat, und
es nicht besser machen denn er's gemacht hat.

Item, da er Eva verfluchte, nahm er ihr nicht den weiblichen Leib noch weibische Gliedmaß, widerrief auch nicht
seinen gesprochenen Segen über sie, daß sie sollt fruchtbar
sein, sondern bestätigt denselben und spricht [1. Mose 3,16]:
›Ich will dir viel Mühe schaffen, wenn du schwanger ge-
hest.‹ Diese Plage ist auch nicht über eins oder zwei Weiber
gesagt, sondern über alle, daß die Wort lauten, als sei Gott
gewiß, daß alle Weiber werden schwanger sein und sollen
diese Plage tragen, ohn die, welche er selbst ausnimmt. Dawider kann je kein Gelübd noch Bund gelten noch halten.
Denn es ist Gottes Wort und Gemächte.

Hier tun sie denn zwei Einreden. Die erst: Man solle die
Gelübd halten. Das ist wahrlich wahr, wenn du göttlich
gelobest, das dein ist und in deiner Macht steht. Ich höret
hiezu einen gelehrten Mann einmal sagen: ›Meine Mutter

hat gelobt, ich sollt ein Bischof werden. Wie soll ich's halten?‹ Dein ist's aber nicht, Jungfrau sein wider eingesetzte Natur, sondern wie St. Paulus sagt 1. Corin. 7 [1. Kor. 7,7]: Es ist eine Gottesgabe. Wie ich nun keine Gottesgabe kann geloben, so kann ich auch Keuschheit nicht geloben. Es muß alles zuvor mein sein, ehe ich's gelobe. Wie auch Samuels Mutter ihren Sohn Gott gelobet, wo er ihr durch denselben zuvor gegeben wurde, 1. Reg. 1 [1. Sam. 1,31]. Also sollt man auch Keuschheit geloben, sofern sie von Gott gegeben wurde, wo nicht, daß das Gelübde nicht wäre.

Lesen wir doch auch 1. Reg. 14 [1. Sam. 14,24.44], daß Saul auch gelobt zweimal mit einem Eide, daß niemand des Tags essen sollt, und auch, seinen Sohn zu töten. Dennoch mußt er's lassen und Gott wehret es ihm durchs Volk und seinen Sohn. Damit je Gott gnugsam beweiset hat, daß unchristliche und schädliche Gelübd nicht zu halten sind, ob sie gleich auch nur dem Leben schaden, viel mehr wird er die Gelübd verdammen, die der Seele Schaden und Verderben sind. Und ist dies Exempel wohl zu merken, daß nicht gnug ist gesagt: ›Ja, ich hab's gelobt, ich muß es halten.‹ Lieber, siehe zuvor, ob's möglich und göttlich ist, was du gelobest, sonst, wenn unmöglich Gelübd gälte, möchtest du wohl geloben, eine Mutter Gottes zu werden wie Maria.

So sprechen sie abermals: ob's gleich unmöglich sei, so kann man's mit Beten erlangen, wie St. Hieronymus lehret. Antwort: Aufs erst, Gott gebe mir nur nicht viel der Keuschheit St. Hieronymi, welcher selbst bekennet, daß er seins Fleischs Wüten und Brunst mit keiner Faste noch Mühe zähmen konnt. Wieviel besser wäre ihm gewesen nach St. Paulus' Rat ›freien denn also brennen‹ [1. Kor. 7,9]. Und ist hierin seinem Exempel nicht gut nachzufolgen. Denn Keuschheit hat wohl Anfechtung, aber solch tägliche Brunst und Wüten ist ein gewiß Zeichen, daß Gott nicht gegeben hat noch geben will die edle Gabe der Keuschheit, die da mit Willen ohn Not gehalten werde.

Aufs ander: Man kann freilich alles von Gott erlangen mit Beten, Er will aber auch unversucht sein. Christus hätte sich wohl können von der Zinne des Tempels herniederlassen, wie der Teufel vorgab. Er wollt's aber nicht tun, weil es nicht not war und er wohl auf andere Weise konnt herabkommen. Ich könnt auch wohl mit Beten erlangen, daß ich nicht esse noch trinke, was auf Erden wüchse. Weil aber das nicht not ist und Gott mir sonst so viel gegeben hat, das ich essen soll und kann, soll ich ihn nicht versuchen, das lassen liegen, das er gegeben hat, und ein anderes ohn Not erwarten, das er nicht gegeben hat, denn da wäre Gott versucht.

Also auch hier. Weil er Mann und Weib hat geschaffen, daß sie zusammen sollen, soll ich mir nicht vornehmen einen andern Stand und jenen liegen lassen aus eigenem Vorwitz und Mutwillen. Denn damit gebe ich mich ohn Not und Ursach in Fährlichkeit und versuche Gott, sintemal wohl ein anderer göttlich Stand da ist, da ich der Fährlichkeit und Versuchung nicht bedarf. Denn wer dringet mich oder beruft, daß ich ohn Ehe bleibe? Was ist mir die Jungfrauschaft vonnöten, weil ich fühle, daß ich sie nicht habe und Gott mich sonderlich nicht dazu beruft, und weiß doch, daß er mich zur Ehe geschaffen hat? Darum, willst du etwas bitten von Gott, so bitt, das dir not ist und dazu dich die Not dringet. Ist dir's aber nicht not, so versuchst du ihn gewißlich mit deinem Gebet. Denn sein Name heißt Adiutor in oportunitatibus, in tribulatione, Nothelfer, Psalm 10 [Ps. 10,14], nämlich daß er hilft nur da alleine, da sonst keine Hilf und Mittel durch ihn zuvor geschaffen ist.

Die ander Einrede ist, daß es ärgerlich sei, wider den gemeinen alten Brauch und Lehre, und der schwachen Gewissen sei zu schonen. Antwort: Ärgernis hin, Ärgernis her. Not bricht Eisen und hat kein Ärgernis. Ich soll der schwachen Gewissen schonen, sofern es ohn Gefahr meiner Seele geschehen mag. Wo nicht, so soll ich meiner Seele raten, es ärgere sich dran die ganze oder halbe Welt. Nun liegt hier der Seele Gefahr in allen Stücken, darum soll niemand von uns begehren, daß wir ihn nicht ärgern, sondern wir sollen begehrn, daß sie unser Ding billigen und sich nicht ärgern. Das fordert die Liebe.

Das will ich auf diesmal, mein guter Freund, kürzlich zur Verantwortung gegeben haben für Euch, für mich und für diese Jungfrauen, auch für alle, die diesem Exempel wollen nachfolgen, bin auch gewiß, daß wir damit vor Gott und der Welt untadelig bestehen wollen. Aber den Widersachern und verstockten Köpfen, denen Gott selber nicht kann gnug tun, wollen auch wir uns nicht vermessen gnugzutun, sondern sie lassen toben und lästern, bis sie es müde werden. Wir haben einen Richter über uns, der wird recht richten.

Ich will aber auch die Jungfrauen hier nennen, auf das alles ja frei am Tage sei. Und es sind nämlich diese: Magdalena Staupitz, Elisabeth Canitz, Veronica Zesschaw, Margaretha Zesschaw, ihre Schwester, Laneta von Golis, Ave Gross, Katherina von Bora,[5] Ave von Schonfelt, Margaretha von Schonfeldt, ihre Schwester. Der allmächtig Gott wollt gnädiglich erleuchten alle Freunde derjenigen, so mit Gefahr und Unlust in Klöstern sind, daß sie ihnen treulich heraushelfen. Welche aber im Geist verständig sind und Klosterei nützlich wissen zu brauchen und gerne drinnen sind, die laß man bleiben im Namen Gottes.

Hiemit befehl ich Euch Gott, und grüßt mir Eure liebe Audi und alle Freunde in Christo. Gegeben zu Wittenberg am Freitag in der Osterwoche. Anno 1523.

5 Luthers spätere Frau.

Daß Eltern die Kinder zur Ehe nicht zwingen noch hindern, und die Kinder ohn der Eltern Willen sich nicht verloben sollen

(1524)

Dem gestrengen und festen Hans Schotten, Ritter etc., meinem lieben Herrn und Freunde, Martinus Luther

Gnad und Friede in Christo, unserm Herrn und Heiland. Gestrenger lieber Herr und Freund! Da ich vom ehlichen Leben anfing zu schreiben, besorget ich wohl, es würde mir gehen, wie es jetzt geht, daß ich mehr damit würde zu schaffen gewinnen denn sonst mit meiner ganzen Sache.[1] Und wenn man sonst nirgendworan spüren könnte, daß der ehlich Stand so göttlich wäre, möcht allein das gnugsam sein, daß sich der Welt Fürst, der Teufel, so mannigfältiglich dawider sperret, wehret mit Händen und Füßen und allen Kräften, daß ja der Hurerei nicht weniger, sondern mehr werde. Ich habe vorhin[2] geschrieben, wie der Gehorsam den Eltern gegenüber so groß sei, daß ein Kind ohn ihr Wissen und Willen sich nicht verloben noch verehlichen solle, und wo es geschehe, die Eltern Macht haben, solchs zu zerreißen. Nun fahren die Eltern herum zu sehr auf diese Seiten und fangen an, ihre Kinder zu hindern und aufzuhalten nach ihrem Mutwillen und (wie Ihr mir neulich auch ein Stück erzählet) zu zwingen, die oder den zu nehmen, da kein Lust noch Liebe hinzeucht, daß ich abermals hier meinen Rat und gute Meinung gezwungen werde auszulassen, ob jemand sich darnach richten und trösten möchte. Hiemit Gottes Gnaden befohlen. Amen.

---

1 Bezieht sich auf den Traktat *Vom ehelichen Leben* (1522); vgl. die Eingangsthese dazu, in dieser Ausgabe S. 13.
2 Im ersten Teil der Winterpostille bei der Auslegung des Evangeliums am Dreikönigstag 1521.

Das erste, daß die Eltern die Kinder zur Ehe zu zwingen kein Recht noch Macht haben

Es ist gar viel ein anderes, die Ehe zu hindern oder wehren, und zur Ehe zu zwingen oder dringen. Und ob die Eltern gleich im ersten, nämlich die Ehe zu wehren, Recht und Macht hätten, so folget daraus nicht, daß sie auch Macht haben, dazu zu zwingen. Denn es ist eher leidlich, daß die Liebe, so zwei gegeneinander haben, zertrennet und verhindert werde, denn daß zwei zusammengetrieben werden, die weder Lust noch Liebe zusammen haben, sintemal dort eine kleine Zeitlang Schmerzen ist, hie aber zu besorgen ist eine ewige Hölle und alles Unglück das ganze Leben lang. Nun spricht St. Paulus 1. Cor. 16 [2. Kor. 10,8], daß auch die allerhöchste Gewalt, nämlich das Evangelium zu predigen und die Seelen zu regieren, sei nicht von Gott gegeben zu verderben, sondern zu bessern. Wieviel weniger sollt dann die Gewalt der Eltern oder irgendeine andere Gewalt gegeben sein zu verderben und nicht viel mehr allein zu bessern?

Darum ist das gewiß, daß väterliche Gewalt ein solch Ziel und Maß hat, daß sie sich nicht weiter sich strecket, denn sofern sie dem Kinde ohn Schaden und Verderben, sonderlich der Seele, sei. Wenn nun ein Vater sein Kind zur Ehe dringet, da das Kind nicht Lust noch Liebe hin hat, da übertritt er und übergehet seine Gewalt, und wird aus Vater ein Tyrann, der seiner Gewalt braucht nicht zur Besserung, dazu sie ihm gegeben ist von Gott, sondern zum Verderben, dazu er sie sich selbst nimmt ohn Gott, ja wider Gott.

Desselben gleichen wo er sein Kind verhindert oder es so läßt gehen, daß er ihm nicht gedenkt zur Ehe zu helfen (als sich's wohl begibt zwischen Stiefvater und Kindern oder zwischen Waisen und Vormündern, da der Geiz mehr trachtet nach des Kindes Gut denn nach seiner Notdurft), da ist wahrlich das Kind frei und mag tun, als wäre ihm sein Vater und Vormünder tot, sein Bestes gedenken,[3] sich in

3 an sein eigenes Wohl denken.

Gottes Namen verloben und versorgen aufs best, so gut es
kann; doch nur sofern, daß das Kind den Vater zuvor drum
ersuche oder ersuchen und ermahnen lasse, daß es gewiß
sei, wie der Vater oder Freunde nichts wollen dazu tun,
oder mit vergeblichen Worten immer und immer aufziehen.
Denn in solchem Fall läßt der Vater seine Pflicht und Gewalt anstehen und gibt das Kind in Gefahr seiner Ehre
und Seele, drum hat er verdienet und ist billig, daß man
nach ihm auch nicht frage, der nach deiner Ehre und Seele
nicht fraget. Sonderlich dienet dies daher, wo die Freunde[4]
sich sperren, den armen Nonnen zu helfen zur Ehe, wie sie
jetzt tun, und fragen weder nach Ehre noch Seele ihres Ge-
blüts; da ist gnug, ihnen angesagt, und darnach immer fort
in die Ehe im Namen Gottes, Freunde zürnen oder lachen
drum.
Aber der größte Knoten in dieser Frage ist der, ob ein Kind
schuldig sei, dem Vater gehorsam zu sein, der es zur Ehe
oder zu der Person dringet, dazu es nicht Lust hat. Denn
daß der Vater daran Unrecht und als ein Teufel oder Tyrann tut, nicht als ein Vater, ist leichtlich beschlossen und
verstanden; aber ob das Kind solch Gewalt und Unrecht
leiden solle und solchem Tyrannen folgen, da stößet es sich,
weil Christus Matt. 5 [Matth. 5,39 ff.] öffentlich und dürr
gebietet, man solle dem Bösen nicht widerstehen und zwei
Meilen gehen mit dem, der eine Meil fordert, und den Man-
tel zum Rock fahren lassen und auch den anderen Backen
herhalten. Daraus will folgen, daß ein Kind solle und müsse
solchem Unrecht gehorchen und nehmen, wozu ihn solch
tyrannischer und unväterlicher Vater zwingt.
Hierauf antwort ich: Wenn man diese Sache bei den Christen handelt, so ist hier dem Dinge balde geraten. Denn
ein rechter Christ, der dem Evangelium folget (weil er be-
reit ist, Unrecht und Gewalt zu leiden, es treffe auch Leib,
Gut oder Ehre an, es währe kurz oder lang oder ewig, wie
Gott will), der würde sich freilich nicht weigern noch weh-

4 Hier wie auch sonst häufig bei L. in der Bedeutung ›Verwandte‹.

ren, solche gezwungen Ehe anzunehmen, und würde tun wie
einer, der, unter den Türken oder sonst in Feindeshand gefangen, müßte nehmen, welche ihm der Türke oder Feind
zudringe, ebensowohl als wenn er ihn ewig in einen Kerker
legte oder auf eine Galeere schmiedete, wie wir des haben
ein trefflich Exempel an dem heiligen Erzvater Jakob
[1. Mose 29], dem seine Lea ward mit allem Unrecht wider
seinen Willen zugedrungen und er sie doch behielt, wiewohl
er's vor den Menschen nicht schuldig wäre gewesen: ob er
sie gleich mit Unwissen beschlafen hatte, dennoch litt und
duldete er solch Unrecht und nahm sie ohn seinen Willen.
Aber wo sind solche Christen? Und ob Christen wären, wo
sind sie, die so stark sind, als dieser Jakob war, daß sie
solchs über ihr Herz könnten bringen? Wohlan, mir gebührt
nichts zu raten noch zu lehren, ohn was christlich ist, in
dieser Sache und allen andern. Wer diesem Rat nicht folgen
kann, der bekenne seine Schwachheit vor Gott und bitte um
Gnade und Hilfe, sowohl als der, der sich fürchtet und
scheuet, zu sterben oder etwas anderes zu leiden um Gottes
willen (das er doch schuldig ist), und zu schwach sich fühlet,
dasselbe zu vollbringen. Denn da wird nichts anderes draus,
das Wort Christi muß bleiben: ›Sei zu Willen deinem Wider-
sacher, weil du mit ihm auf dem Wege bist‹ (Matth. 5,25].
Es will auch nicht helfen die Ausrede, wenn man wollt sagen, aus solcher gezwungener Ehe würde kommen Haß,
Neid, Mord und alles Unglück. Denn Christus wird bald
dazu antworten: ›Dafür laß mich sorgen, warum trauest
du mir nicht? Gehorchest du meinem Gebot, so kann ich's
wohl machen, daß dir keines kommt, das du fürchtest, sondern alles Glück und Heil: Willst du auf ungewiß zukünf-
tig Unglück hin mein gewiß glückselig Gebot übertreten?
Oder willst du Übel tun, auf daß Gutes geschehe? welchs
Paulus verdammt Ro. 3 [Röm. 3,8].
Und obgleich gewiß Unglück künftig und schon vorhanden
da wäre, solltest du um deswillen mein Gebot nachlassen,
so du doch schuldig bist, Leib und Seel zeitlich und ewig-
lich um meinetwillen in die Schanz zu geben?‹

Doch den schwachen Christen, die solchs Gebot Christi nicht
halten können, wollt ich also raten, daß gute Freunde bei
dem Fürsten, Bürgermeister oder anderer Obrigkeit suchten
und erwürben, daß solchem Vater seins frevelhaften Un-
rechts und teufelischer Gewalt wegen gesteuert und das
Kind von ihm errettet und er zu rechtem Brauch väterlicher
Gewalt gezwungen würde. Denn wiewohl Unrecht zu leiden ist eines Christen, so ist doch auch die weltliche Obrigkeit schuldig, solch Unrecht zu strafen und zu wehren und
das Recht zu schützen und handzuhaben. Wo aber die Obrigkeit auch säumig oder tyrannisch sein wollt, wäre das die
letzte Hilfe, daß das Kind flöhe in ein anderes Land und
verließe Vater und Obrigkeit, gleichwie vorzeiten etliche
schwache Christen flohen in die Wüste vor den Tyrannen.
Wie auch Urias, der Prophet, floh in Ägypten vor dem
Könige Jojakim [Jer. 26,20 f.] und die hundert Propheten,
auch Elia selbst, vor der Königin Jesebel [1. Kön. 18,4;
19,2 ff.]. Außer diesen dreien Stücken weiß ich einem Christen keinen andern Rat zu geben. Die aber nicht Christen
sind, die laß ich hierinnen schaffen, was sie können und
was die weltlichen Rechte gestatten.

*Das andere, daß ein Kind sich nicht soll verehlichen
noch verloben ohn Willen und Wissen seiner Eltern*

Wiewohl ich davon in der Postille auch geredet habe,[5] so
muß ich's doch hier wiederholen. Hier stehet gewaltiglich
und fest das vierte Gebot Gottes: ›Du sollst Vater und Mutter ehren und gehorsam sein.‹ Darum lesen wir auch kein
Exempel in der ganzen Schrift, daß sich zwei Kinder selbst
miteinander verlobet haben, sondern allemal geschrieben
steht von den Eltern: ›Gebt euern Töchtern Männer und
euern Söhnen Weiber‹ Hiere. 29. [Jer. 29,6] und Exo. 21.
[2. Mose 21,9 f.] sagt Mose: ›Wo der Vater dem Sohn ein

5 Vgl. Anm. 2.

Weib gibt‹ etc. Also nahmen Isaak und Jakob Weiber aus väterlichem Befehl [1. Mose 24,3 ff.; 28,1 ff.].

Daher auch der Brauch gekommen ist in aller Welt, daß die Hochzeiten oder Wirtschaften öffentlich, mit Wohlleben und Freuden ausgerichtet werden, damit solch heimlich Gelübd verdammt werden und der Ehestand mit Wissen und Willen beider Freundschaft bestätiget und geehret wird. Denn auch Adam, der erste Bräutigam, seine Braut Eva nicht selber nahm, sondern, wie der Text klärlich ausdrückt: Gott bracht sie zuvor zu ihm, und also nahm er sie an [1. Mose 2,22].

Das ist aber alles geredet von solchen Eltern, die sich väterlich gegen das Kind halten, wie droben gesagt ist. Denn wo sie das nicht tun, sind sie gleich zu halten, als wären sie nicht Eltern oder wären tot, und das Kind frei, sich zu verloben und verehlichen, welchem es gelüstet. Dann aber halten sie sich nicht väterlich, wenn sie sehen, daß das Kind erwachsen und zur Ehe tüchtig und geneigt ist, und doch nicht dazu helfen und raten wollen, sondern ließen's wohl immer so hingehen oder auch dringen oder zwingen, geistlich oder keusch zu leben, wie bisher der Adel mit seinen Töchtern gefahren und sie in die Klöster verstoßen hat. Denn die Eltern sollen wissen, daß ein Mensch zur Ehe geschaffen ist, Früchte seines Leibs von sich zu züchten (sowohl als ein Baum geschaffen ist, Äpfel oder Birnen zu tragen), wo Gottes hohe, sonderliche Gnade und Wunder die Natur nicht ändert oder hindert. Darum sind sie auch schuldig, den Kindern zur Ehe zu helfen und sie aus der Gefahr der Unkeuschheit zu setzen. Tun sie das nicht, so sind es nicht mehr Eltern, so ist das Kind schuldig, sich selbst zu verloben (doch zuvor dasselbe angesagt und der Eltern Lässigkeit beklagt) und sich selbst aus der Gefahr der Unkeuschheit und in den Stand, dazu es geschaffen ist, zu helfen, es gefalle Vater, Mutter, Freunden oder Feinden.

Auch wo es so ferne kommt, daß über das Gelübde sie heimlich ein Leib worden sind, ist's billig, daß man sie zu-

sammen lasse und väterliche Gewalt die Hand abtue, wiewohl im Gesetze Mose Gott auch in solchem Fall das Kind
dem Vater vorbehielt, wie Exo. 22 [2. Mose 22,16 f.] stehet: ›Wenn eine Dirne beschlafen wird von jemand, soll er
sie begaben und zur Ehe behalten. Will aber ihr Vater
nicht, soll er ihr die Morgengabe ausrichten‹ etc. Aber zu
der Zeit lag nicht viel an der Jungfrauschaft. Weil aber in
unserer Zeit ein großer Ekel ist, eine Verruckte[6] zu nehmen
und gleich für eine hohe Schande gerechnet wird, daß also
das andere Teil dieses Gesetzes Mose, von väterlicher Macht
über die verruckte Jungfrau, demselben Kind gefährlich und
schädlich ist, so bleibt billig das erste Teil, daß sie der behalte, der sie geschwächt hat.
Wollt aber jemand das vorgeben: hat der Vater Gewalt, des
Kinds Gelübd und Ehe zu hindern und zu zerreißen, so hat
er auch Gewalt, ihm die Ehe ganz zu verbieten und zur
Keuschheit zu zwingen etc., antwort ich: Nicht also. Ich
habe droben gesagt, ein Mensch sei geschaffen nicht vom
Vater, sondern von Gott, daß er essen, trinken, Frucht haben seines Leibs, schlafen und andere natürliche Werk tun
soll, welchs steht in keines Menschen Gewalt zu ändern.
Darum ist's gar viel ein anderes, die Ehe mit dieser oder der
Person hindern, und die Ehe ganz absagen. Denn gleichwie
der Vater kann gebieten, daß sein Kind dies oder das nicht
esse oder trinke, hie oder da nicht schlafe, so kann er doch
nicht wehren, daß es ganz ohn Essen und Trinken und
Schlaf bleibe. Ja, er ist schuldig, dem Kinde Essen, Trinken,
Kleider, Schlaf und alles zu besorgen, für des Kindes Not
und zu seinem Besten. Und wo er das nicht tät, so ist er
nimmer Vater, und muß und soll es das Kind selbst tun.
Also auch hat er Macht zu wehren, daß sein Kind diesen
oder den nicht nähme, aber gar keinen zu nehmen, hat er
nicht Macht, sondern ist schuldig, dem Kinde einen zu geben, der ihm gut und füglich sei, oder sich versehe, daß er
ihm füglich sei. Tut er's nicht, so muß und soll das Kind

---

6 eine Geschwängerte; L. gebraucht diesen Ausdruck mehrfach.

selbst sich versorgen. Wiederum kann er auch ohn Sünde sich seines Rechts und Gewalts verzeihen[7] und, wenn er treulich geraten und gewehret hat, dem Kinde seinen Mutwillen lassen, daß es ohn Vaters Willen nähme, welchen es will. Denn wer kann allem Unrecht wehren, wo man gutem Rat und treuer Meinung nicht folgen will? Gleichwie Isaak und Rebekka ließen ihren Sohn Esau machen, wie er wollt, und Weiber nehmen, die ihnen nicht gefielen, Gen. 27. [1. Mose 26,34 f.]. In solchem Fall hat der Vater gnug getan seiner Pflicht und väterlicher Schuld, und ist nicht not, daß er's mit Schwert und Stangen wehre. Gott wird des Kinds Ungehorsam und Mutwillen wohl finden und treffen.

Summa summarum, solche Sachen geschehen nach zweierlei Recht, christlich oder menschlich. Christlich soll es also zugehen, daß auf beiden Teilen Wille und Wissen sei: daß der Vater sein Kind hingebe nicht ohn Willen und Wissen des Kinds (wie geschrieben steht, Gen. 24. [1. Mose 24,57 ff.], daß Rebekka zuvor drum gefragt wurd und ihr voll Wort und Willen drein gab, daß sie Isaaks Weib sein sollt), wiederum das Kind auch nicht ohn Wissen und Willen des Vaters sich vergebe. Geschieht's aber menschlich und nach dem gestrengen Recht, so mag der Vater das Kind hingeben, und das Kind ist schuldig, ihm zu gehorchen, und der Vater hat Macht, zu zerreißen das Gelübd, so das Kind getan hat, und das Kind hat nicht Macht, sich hinter dem Vater zu verloben. Will aber ein Teil christlich fahren, nämlich der Vater, so mag er sich seins Rechts verzeihen und das Kind lassen sich seins Mutwillens und Ungehorsams walten und nach getanem treuem, väterlichem Widerstand, Warnung und Rat sein Gewissen entschuldigen und dem Kinde sein Gewissen lassen beschweret sein, wie wohl mehr Ungehorsam manchmal manche heiligen Väter haben von ihren Kindern geduldet, ohn ihren Willen, und die Sache Gott heimgegeben. Geschieht's aber weder menschlich noch christlich,

---

7 auf sein Recht und seine Gewalt verzichten.

sondern teufelisch, als wenn der Vater mit Gewalt dringt
zur Ehe, dazu kein Herz ist im Kinde, so denke dasselbe
Kind, der Türke habe es gefangen und es müsse dem Feinde
zu Willen leben, oder, wo es kann, so entrinne es, wie gesagt ist.

Das sei diesmal zu einem Sendebrief gnug. Es wird vielleicht die Sach selbst noch wohl mehr herauszwingen, wie
man soll dem Recht nach und nicht allein dem Evangelium
nach handeln.

Eine Predigt vom Ehestand,
getan durch D. Martinum Lutherum, seliger.
Anno 1525 zu Wittenberg

[Der hier nicht wiedergegebene erste Teil der Predigt demon-
striert an verschiedenen Bibelstellen die Ehren des Ehestandes, wie Luther sie den »ehelichen Leuten zum Troste, auch
sonderlich denen, die noch ehlich werden wollen, mit tröstlicher Hoffnung«[1] darstellt: 1. die Einsetzung des Ehestandes durch die Heilige Dreifaltigkeit, durch welche auch die
Menschen geschaffen worden seien, 2. die Entstehung des
Ehestandes im Paradies, 3. das eheliche Leben der Patriarchen und Propheten, 4. die besondere Unterstützung und
Würdigung der Ehe durch Gottes Gebot »Du sollst nicht
ehebrechen«, 5. die bevorzugte Stellung junger Ehemänner
nach den mosaischen Gesetzen, 6. Marias Stellung als Ehefrau durch ihre Verlobung mit Josef, 7. Christi Besuch und
Segnung der Hochzeit zu Kanaan. Luther versäumt es nicht,
in seine Darlegungen Ausfälle gegen Mönche und Nonnen,
die ungläubigen Juden und vor allem gegen den römischen
Klerus zu machen.
Der zweite Teil wiederholt weitgehend Argumente aus dem
Sermon vom ehlichen Stand und enthält stellenweise wörtliche Übernahmen aus dem Traktat *Vom ehelichen Leben*.
Zusätzliche neue Gedanken sind im folgenden dritten und
vierten Teil enthalten.]

Das dritte Teil

Nun wollen wir, liebe Freunde, sagen, wie Mann und Weib,
die nun ehlich geworden sind, im Ehstand göttlich leben
sollen. Zum ersten, was der Mann schuldig ist zu tun, darnach, was das Weib tun soll.

1 *Weimarer Ausgabe*, Bd. 17,1, S. 12.

Die Welt, wenn sie vom Ehstand höret, saget sie: Ja, es
wäre wohl gut, ehlich zu werden, aber womit ernähret man
ein Weib? Denn es ist ein essend Pfand. Dieselbigen sollen
hier hören, womit sie ihre Weiber ernähren sollen, als daß
der Mann nicht darf denken, daß er derhalben ein Weib
genommen, daß er nun ledig spazieren und junkern gehen[2]
wolle, oder daß ihn das Weib als einen Junker ernähren
solle. Nein, sondern daß der Mann das Weib nicht anders
wie ein Vater sein Kind ernähren solle. Ja, sprichst du, womit? Das sollst du jetzt hören. Denn so spricht Gott zu
Adam, da er der Stimme des Weibes gefolget hatte. Darum
ist's nicht gut allwege, dem Weibe folgen.[3]
›Im Schweiß deines Angesichts sollst du dein Brot essen, bis
daß du wieder zu Erde werdest, davon du genommen bist,
denn du bist Erde und sollst zu Erde werden‹ Gene 3
[1. Mose 3,19]. Da hörest du, womit du dein Weib ernähren sollst, also, daß du sollst in deine Hand speien und es
dir sauer lassen werden und arbeiten, daß dir der Schweiß
über die Nase läuft, das gehöret dazu, lieber Geselle.
Nun heißet ›im Schweiß des Angesichts das Brot essen‹ nicht
allein arbeiten mit den Händen, wie ein Ackermann oder
Bauer tut, sondern es heißet, daß ein jeglicher seinem Beruf
fleißig nachlebe. Ist einer ein Ackermann oder Handwer-
ker, Schneider oder Schuster, daß er das getreulich warte,
nicht gehe zum Biere, lasse alles liegen, schlage sich auf den
Abend mit der Frau, wenn er nicht mehr Geld zu ver-
schlemmen hat, und verkaufe dem armen Weibe alle ihre
Kleider und was sie hat. Nein, so soll es nicht heißen, sondern ›im Schweiß deines Angesichts‹, das ist: in getreuli-
cher und fleißiger Arbeit sollst du dein Weib ernähren, wie
der 128. Psalm [Ps. 128,1 f.] saget: ›Wohl dem, der den
Herrn fürchtet und auf seinen Wegen gehet, du wirst dich
nähren von deiner Hände Arbeit, wohl dir, du hast's gut.‹
Da stehet's klärlich: willst du ein gottesfürchtiger Ehemann
sein und auf Gottes Wegen wandeln, so nähre dich mit

2 müßiggehen.
3 Vgl. *Vom ehelichen Leben*, Das dritte Teil; in dieser Ausgabe S. 31–44.

deiner Hände Arbeit. Tust du das, so soll Gottes Segen dazu kommen, wie hier stehet: ›wohl dir, du hast's gut‹, das ist: erstmals will er dein gnädiger Gott und Vater durch Christum, seinen lieben Sohn, sein. Darnach will er deine Arbeit so segnen, daß du dadurch dein Weib und ganzes Hausgesind sollst ernähren, und, wie der 34. Psalm [Ps. 34,11] saget, wenngleich die Reichen, die auf ihren Reichtum, so sie zusammen bringen, pochen und trotzen, müssen darben und hungern, denn es zerrinnet ihnen alles unter den Händen, so sollen aber, die den Herrn fürchten und sich mit Gott und Ehren, ohne Betrug des Nächsten in ihrem Beruf mit ihrer Handarbeit nähren, keinen Mangel haben an irgendeinem Gut, das ist: Gott will ihnen ihre Arbeit so segnen, daß, wenn sie in die Winkel ihrer Häuser sehen, noch keinen sollen ledig finden, ob sie wohl beide, als Mann und Weib, in Armut zusammengekommen sind, noch dazu will ihnen Gott, der Vater, den sie fürchten und lieben, Essen und Trinken, Kleider und Nahrung, ob es wohl kümmerlich zugehet, bescheren und geben.

Derhalben sollen wir uns das Wörtlein wohl merken und an unsere Kammer und Stube schreiben und unsere Kinder lehren, daß der Heilige Geist im Psalm saget: ›Wohl dir, du hast's gut.‹

Wiederum hören wir hier, daß der Mann, der Gott nicht fürchtet, auch nicht auf seinen Wegen gehet, sondern in des Teufels Weg wandelt, der nicht Arbeit, nur spazieren gehen will, der soll es nicht gut haben und unselig sein, das ist: einen ungnädigen Gott haben. Dem will er das Seine auch nicht segnen, sondern er ist des Teufels Märtyrer und Diener, der[4] hilft ihnen auch zuletzt, wenn sie nichts mehr haben, daß sie lassen die Hände an anderer Leute Arbeit kleben, werden darnach an den lichten Galgen gehangen. So lohnet ihnen denn ihr Gott, der Teufel, dem sie gedienet haben. Nein, so soll es den gottfürchtigen Männern nicht gehen; wenn sie arbeiten, so soll ihre Arbeit gesegenet wer-

4 der Teufel.

den, daß sie sollen haben, was ihnen not ist, ob's ihnen
gleich sauer wird, das achten sie nicht, denn sie wissen, daß
es so und nicht anders gehen muß, da stehet Gottes Wort:
›Im Schweiß deines Angesichts sollst du dein Brot essen.‹
Also arbeitet auch ein Predikant »im Schweiß seines Angesichts«, welchs gewiß die große Arbeit ist, mit dem Kopf
arbeiten, wenn er treulich studieret, damit er mit Predigen,
Sakrament reichen sein Amt ausrichten kann. Desgleichen
ein Fürst, Edelmann, Bürgermeister, so sie fleißig ihr Amt
ausrichten mit Regieren, so heißet alles ›im Schweiß das
Brot essen‹. Wohl jenen, so soll bei ihnen Gottes Segen sein,
daß sie es sollen gut haben, gehorsames Land und Leut haben, davon sie ihren Stand erhalten sollen. Das ist nun das
erste Stück, daß der Mann fleißig soll arbeiten, damit er
sein Weib und Kinder ernähre, denn von Arbeit stirbet kein
Mensch, aber vom Ledig- und Müßiggehen kommen die
Leut um Leib und Leben, denn der Mensch ist zur Arbeit
geboren, wie der Vogel zum Fliegen Job am 5. [Hiob 5,7].
Zum andern soll der Mann lieben sein Weib als seinen eigenen Leib, wie St. Paulus spricht zu den Ephesern am 5. Kapitel [Eph. 5,28]: ›Ihr Männer, liebet eure Weiber als eure
eigenen Leiber. Wer sein Weib liebet, der liebet sich selbst.‹
Da höret ihr, wie fein der Apostel lehret, wie sich der
Mann gegen sein Weib halten soll, also, daß er sie nicht
soll achten, als wäre sie ein Fußtuch, wie sie denn auch
nicht aus einem Fuße geschaffen ist, sondern aus des Mannes Rippe mitten im Leib, daß sie der Mann nicht soll anders halten, als sei sie sein eigen Leib oder Fleisch. Und wie
zärtlich und freundlich er mit seinem Leibe umgehet und
handelt – ist der schwarz[5], so verwirft oder verstößet er
den nicht derhalben, ist der krank, so pfleget und wartet er
sein, und ob er's nicht allezeit gleich macht[6], so hält er's
ihm alles zugut –, also soll es der Mann mit seinem Weibe
auch machen. Und obgleich ein anderes Weib schöner, besser beredt, klüger, weiser und gesünder ist denn dein Weib,

5 dunkel, schmutzig.
6 eben, d. h. recht macht.

so sollst du doch die nicht so sehr lieben als deinen eignen Leib, nein, nein, sondern dein Weib sollst du lieben als deinen eignen Leib, und ob sie dir's nicht allezeit gleich machen kann, trag mit ihr Geduld wie mit deinem eigenen Leibe, und tue, wie der Weingärtner mit seinem schwachen Weinstock tut, wie denn der Heilig Geist im 128. Psalm [Ps. 128,3] das Weib einen Weinstock heißet; wenn man den will anbinden, der sonst an sich selber schwach ist, wie ein Weib, daß er tragen und Frucht bringen soll, so nimmt der Weinmeister nicht dazu eine große, eiserne Wagenkette oder einen groben hanfenen Strick, sondern ein fein behend Strohbändelein, damit bindet er ihn an.

Also soll man auch die Weiber regieren, nicht mit großen Knütteln, Flegeln oder ausgezogenen Messern, sondern mit freundlichen Worten, freundlichen Gebärden und mit aller Sanftmut, damit sie nicht schüchtern werden, wie St. Peter i. Pet. am 3. Kapitel [1. Petr. 3,6 f.] saget, und erschrecken, daß sie hernach nicht wissen, was sie tun sollen. Darum muß man die Weiber mit Vernunft und nicht mit Unvernunft regieren und dem weiblichen Geschlechte als dem schwächsten Werkzeuge seine Ehre geben, auch als Miterben der Gnade des Lebens, auf daß unser Gebet nicht verhindert werde, und das heißet denn, wie St. Paulus zu den Ephesern am 5. Kapitel [Eph. 5,25] spricht: ›Ihr Männer, liebet eure Weiber, wie Jesus Christus geliebet hat seine Gemeinde‹ oder Kirche. Wollen nun auch hören, was das Weib tun soll im Ehstande.

Das Weib muß auch zwei Stück leiden oder tun. Erstlich, wie Gott sagt: ›Ich will dir viel Schmerzen schaffen, wenn du schwanger wirst, und du sollst mit Schmerzen deine Kinder gebären‹, das ist: wenn nun Gott Gnade gibet, daß das Weib schwanger ist, so finden sich zwei Stück. Erstlich, daß dann das Weib große Schmerzen und Krankheit bekommt, da sind Wehtage des Haupts, der Schwindel, da ekelt und grauet es ihr vor Essen und Trinken, da kommt oftmals ungewöhnlich Erbrechen, Wehtage der Zähne, Geschwulst der Beine, Wehtage des Leibes. Darnach befällt sie

oftmals die Lust auf rohe, unnatürliche Ding zu essen, wenn
sie sonst gesund wäre, so würde sich ihre Natur davor ent-
setzen. Das ist eins, darein sich das Weib muß ergeben, zu
dulden und zu tragen, wenn sie schwanger wird.

Darnach, wenn sie soll gebären, so kommt erst der rechte
Jammer und Gefahr, daß das arme Weib auch mit großer
Gefährlichkeit ihres Lebens in Angst und Not ihr Kind muß
gebären, und manche muß auch den Hals darüber lassen.
Wenn nun solch Elend und Jammer die gottlose Welt siehet
und höret, so richtet sie es nach ihrer Vernunft und Gefüh-
len und saget bald: darum ist nichts besser denn ohne Mann
oder Weib geblieben, so ist man dieser Not aller frei.

Aber Christen und christliche Weiber, die von unseres Herrn
Gottes Wort wissen, die sagen viel anders und das, wenn sie
gleich hören und erfahren diese und andere Jammer im
Ehstande. Was tun sie? Das tun sie, daß sie am ersten auf
Gottes Wort sehen und hören, wie Gott ihnen diese Schmerzen und Kümmernis auflegt, darum trösten sie sich seines
göttlichen, gnädigen Willens und sagen: Das weiß ich, daß
solche Schmerzen, Elende und Kümmernis von niemand
herkommen denn von meinem frommen Gott, der mir's auf-
erleget hat, darum will ich's auch um seinetwillen gerne
dulden und leiden, und wenn ich gleich darüber hingehen
sollt.

Darum soll man die Weiber in Kindesnöten vermahnen,
daß sie ihren möglichen Fleiß allda beweisen, das ist, ihre
höchste Kraft und Macht dran strecken, daß das Kind ge-
nese, ob sie gleich darüber sterben. Denn etliche Frauen
sorgen mehr für sich, wie sie mit dem Leben davon kommen, denn für das Kind, als die sich vor dem Tod fürchten und die Schmerzen gern übergehen wollten. Das ist
nicht recht noch christlich.

Also sollt man auch ein Weib trösten und stärken in Kindesnöten[7], nicht, wie im Papsttum geschehen, mit St. Margareten Legenden und andern närrischen Weiberwerken um-

---

7 Vgl. die fast wörtliche Wiederholung der folgenden Passage aus *Vom
ehelichen Leben*, Das dritte Teil; in dieser Ausgabe S. 35 f.

gehen, sondern also sollt man zu ihr sagen: ›Liebe Frau, gedenket, daß Ihr ein Weib seid und dies Werk Gott an Euch gefället. Tröstet Euch seines Willens fröhlich und laßt ihm sein Recht an Euch, gebt das Kind her und tut dazu mit aller Macht. Sterbet Ihr darüber, so fahrt hin in Gottes Namen, wohl Euch, denn Ihr sterbet eigentlich im edlen Werk und Gehorsam Gottes. Ja, wenn du, liebe Frau, nicht ein Weib wärest, so solltest du jetzt allein um dieses Werks willen wünschen, daß du ein Weib wärest, und so köstlich in Gottes Werk und Willen Not leiden und sterben, denn hier ist Gottes Wort, das dich also geschaffen, solche Not in dir gepflanzet hat. In solcher Kindesnot starb die Rahel, des heiligen Patriarchen Jakobs Weib Gene. am 35. cap. [1. Mose 35,19]. Da begrub er sie am Wege, als man nach Bethlehem gehet, und nicht hinter der Mauer auf dem Kirchhofe, wie im Papsttum geschehen ist, als wären die Sechswöchnerinnen von Gott vermaledeiet, daß sie nicht dürfen mitten auf dem Kirchhof bei andern Christen begraben werden. O Blindheit! Sage mir nun, lieber Christ, ist das auch nicht, wie Salomon spricht Proverb. am 18. [Spr. 18,22], Wohlgefallen von Gott schöpfen, auch mitten in solcher Kindsnot und Schmerzen?

Also tröstet auch St. Paulus die Weiber 1. Timo: 2 [1. Tim. 2,14 f.], da er saget: ›Adam ward nicht verführet, das Weib aber ward verführet und hat die Übertretung eingeführt. Sie wird aber selig werden durch Kinderzeugen.‹ Das ist gar ein groß, herrlich, tröstlich Wort, das die Weiber um der ganzen Welt Schatz nicht sollten geben, daß sie hören, daß ihre Schmerzen und Kümmernis, so sie mit Kindergebären haben, so hoch Gott angenehm und gefällig sind, daß sie dadurch selig werden. Was könnt Tröstlichers den Weibern gesagt werden? O behüte Gott, wenn die Nonnen im Kloster ein solch Wort hätten, das ihren Stand hieße einen seligen Stand, wie sollten sie sich aufbrüsten und rühmen?

Aber das müssen wir auch nicht schlicht so verstehen, als sollt solche Seligkeit alleine geschehen durch Kinderzeugen.

Nein, sonst wären Juden- und Türkenweiber auch selig; sondern dies ist gesaget von den Weibern, die Christen sind und durch den Glauben an Jesum Christum Vergebung der Sünde, Leben und Seligkeit haben.

Dieselbigen haben den Trost, daß ihnen solche Schmerzen, als Früchte des Glaubens, eitel selige Schmerzen und Kümmernis sind, die ihrem frommen Gott und Vater wohlgefallen und behagen. Darum sagt auch der liebe Paulus hernach selber: ›Das Weib wird selig werden durch Kinderzeugen‹, ja, wie? Also, ›so sie‹, das ist: das Weib oder die Weiber ›bleiben im Glauben und in der Liebe und in der Heiligung samt der Zucht‹.

Das ist nun das erste Stück, daß die Weiber sollen Geduld tragen und es sich gefallen lassen, so ihnen Gott, wenn sie schwanger werden und ihre Kinder gebären, Schmerzen, Elend und Kümmernis zuschicket, daß solchs eitel selige und aber selige Gotteswerk und Wohlgefallen sei.

Zum andern, so soll des Weibes Wille, wie Gott saget, dem Manne unterworfen sein und der soll ihr Herr sein. Das ist: daß das Weib soll nicht ihres freien Willens leben, wie denn geschehen wäre, wo Eva nicht gesündiget, so hätte sie mit Adam, dem Mann, zugleich regieret und geherrschet als sein Mitgehilfe. Jetzt aber, nun sie gesündiget und den Mann verführet, hat sie das Regiment verloren und muß ohne den Mann nichts anfangen oder tun. Wo der ist, muß sie mit und sich vor ihm ducken als vor ihrem Herrn, den sie soll fürchten, ihm untertan und gehorsam sein.

Das ist nun die andere Strafe des Weibes, daß sie ihren Mann verführet. Und ich will glauben, daß die Weiber die vorigen beiden Strafen, wiewohl sie schwerer sind, nämlich Schmerz und Kümmernis, wenn sie schwanger gehen, eher und lieber, ja auch williger und geduldiger leiden wollten, denn daß sie sollen den Männern untertan und gehorsam sein, so gerne herrschen und regieren die Weiber von Natur, ihrer ersten Mutter Eva nach.

Darum gebieten auch oftmals die lieben Apostel in ihren Schriften, und sonderlich St. Peter, und desgleichen spricht

St. Paul zu den Ephesern am 5. [Eph. 5,22 f.]: ›Die Weiber seien untertan ihren Männern als dem Herrn, denn der Mann ist des Weibes Haupt.‹ Item zu den Kolossern am dritten desgleichen [Kol. 3,18]. Derwegen, so ist auch nicht das Weib aus dem Haupt geschaffen, daß sie nicht regieren soll über den Mann, sondern ihm untertan und gehorsam sein.

Darum träget das Weib auch eine Macht, das ist der Schleier, auf dem Haupt, wie St. Paulus 1. Corint. am 11. [1. Kor. 11,3] schreibet, daß sie nicht frei, sondern unter dem Gehorsam des Mannes ist.

Es verschleiert sich auch das Weib mit einem feinen, weichen Schleier, der von hübschem, weichem Flachs oder Leinwand gesponnen und gemacht ist, und windet nicht einen groben hänfenen Schlauder[8] oder ein unflätig Tuch um das Haupt oder Maul. Warum aber? Darum, daß sie dem Manne feine, liebliche, freundliche Wort soll geben und nicht grobe, unflätige Scheltwort, wie die bösen Weiber tun, die das Schwert im Maul führen und werden darnach auf die Scheide geklopft.[9] Derhalben soll auch das Weib, wie auch droben aus dem 128. Psalm [Ps. 128,3] gesaget, eines Weinstocks Art an sich haben, denn der lässet sich fein biegen und lenken, wie der Weinmeister nur will, mit einem Strohbändelein. Also sollen auch die Weiber sich von ihren Männern fein mit Worten lenken und ziehen lassen, damit die großen und groben Schläge und Streiche verbleiben, wie denn die frommen, gehorsamen Weiber pflegen zu sagen: ungeschlagen ist am besten.

Das ist nun das ander Stück, was das Weib im Ehstande tun soll, nämlich, daß sie ihrem Mann untertänig und gehorsam sein soll, ohne seinen Willen nichts anfangen oder tun.

Das dritte Stück, was nun beide, Mann und Weib tun sollen, wenn ihnen Gott Kinder gibet oder bescheret, wie sie die in Gottesfurcht erziehen sollen.

Denn so gebietet Gott Deute. 6 und am 11. [5. Mose 6,7;

---

8 grob, schlecht gewebter Stoff; vgl. ›schludrig‹.
9 L. zitiert ein damals geläufiges Sprichwort: ›Wer das Schwert im Munde führt, dem soll man auf die Scheide schlagen.‹

11,19]: Wenn Gott den Eltern Kinder gibet, so sollen dieselbigen lehren Gott lieben von ganzem Herzen und von
ganzer Seele und allem ihrem Vermögen. Und daß man
ihnen soll Gottes Wort einschärfen, das ist: es immer mit
ihnen treiben und üben, daß es nicht verroste noch verdun-
kele, sondern stets in Gedächtnis und Wort als neu und
helle bleibe.

Denn je mehr man von Gottes Wort handelt, je heller und
neuer es wird, und es heißet billig ›Je länger, je lieber‹; wo
man's aber nicht treibet, so wird's bald vergessen und un-
kräftig.

Also redet Gott von Abraham Genesis 18 [1. Mose
18,17–19], da er spricht: ›Wie kann ich Abraham verbergen,
was ich tue, sintemal er zu einem großen Volk werden soll
und in ihm sollen gesegnet werden alle Völker, denn ich
weiß, er wird befehlen seinen Kindern und seinem Hause
nach ihm, daß sie des Herrn Wege halten und tun, was
recht und gut ist.‹ Also lehret auch St. Paulus zu den Ephesern am 6. Kapitel [Eph. 6,4]: ›Ihr Väter, erbittert eure
Kinder nicht‹, auf daß sie nicht scheu werden, ›sondern
ziehet sie auf in der Zucht und Vermahnung zum Herren.‹
Denn ein Vater kann wohl die Seligkeit an den Kindern
verdienen, wenn er die wohl ziehet, ziehet er sie aber die übel,
kann er wohl die Höll und höllisch Feuer an den Kindern
verdienen. Wie denn die Leute tun, die ihre Kinder von Jugend auf gewöhnen, falsch Maß, Gewicht oder War zu geben. Item lassen sie fluchen und martern, daß es greulich
zu hören ist. Weh denen, die müssen am Jüngsten Tage gar
schwere Rechenschaft dafür geben.

Das ist nun das dritte Stück, daß die Eltern ihre Kinder
sollen auferziehen in Gottesfurcht, wie Gott durch Mose
gebietet, denn das hat er noch nicht aufgehoben, gleichwie
er nicht hat aufgehoben das vierte Gebot, Vater und Mutter zu ehren und gehorsam zu sein. Also haben wir nun gehört, was Mann und Weib im Ehstand tun sollen. Wollen
wir nun hören das vierte Teil, ob sich auch Mann und
Weib wieder voneinander scheiden mögen.

Das vierte Teil

Nun ist die Frag: Mögen sich auch Mann und Weib wieder voneinander scheiden? Antwort: Nein, denn es heißet, wie Christus spricht Matthäi am 19. Cap. [Matth. 19,6]: ›Was Gott zusammen gefüget hat, das soll kein Mensch scheiden.‹ Und weiter: Wer sich von seinem Weibe scheidet (es sei denn um der Hurerei willen) und freiet eine andere, der bricht die Ehe, und wer die Geschiedene freiet, der bricht auch die Ehe. Das ist ein dürrer, klarer und heller Text, der saget, daß niemand, weder durch Aussatz oder stinkenden Atems willen oder anderer Gebrechen soll sein Weib verlassen oder das Weib den Mann, alleine von wegen der Hurerei und Ehebrecherei, denn die Stück alleine scheiden Mann und Weib; doch muß es vormals, wie zu Recht gebühret, genugsam erwiesen werden, daß Ehbrecherei und Hurerei geschehen sei, sonst sollten wohl ihrer viele Böses von ihren Ehgemahlen sagen, damit sie die los würden. Aber es heißet: beweise es vormals, darnach laß gehen, was recht ist.

Ja, möchtest du aber sagen: wie denn, wenn jemand ein krank Gemahl hat, das ihm zur ehlichen Pflicht nicht nütz geworden ist,[10] mag der nicht ein anderes nehmen? Beileibe nicht, sondern diene Gott in dem kranken Gemahl und warte sein, denke, daß dir Gott an ihm Heiltum in dein Haus geschicket, damit du den Himmel sollst erwerben. Selig und aber selig bist du, wenn du solch Gabe und Gnade erkennest und deinem kranken Gemahl also um Gottes willen dienest. Sprichst du aber: ›Ja, es ist gefährlich so zu leben‹, nein, denn wirst du mit Ernst deinem kranken Gemahl dienen und erkennen, daß dir's Gott zugesandt hat, und ihm danken und bitten, er wollt dich behüten, so laß ihn sorgen, gewißlich wird er dir Gnad geben, daß du nicht mußt tragen mehr, denn du kannst. Er ist viel zu treu dazu, daß er dich deines Gemahls mit Krankheit berauben

10 Vgl. *Vom ehelichen Leben*, Das ander Teil; in dieser Ausgabe S. 26–31.

sollt und nicht auch dagegen entnehmen des Fleisches Mutwillen, wo du anders treulich dienest dem Kranken.

Und das sind die vier Teil, die wir auf diesmal vom ehlichen Leben wollen gesagt haben. Gebe Gott Gnad, daß wir
solche große Ehre des Ehstandes, wie vormals gehört, mögen
bedenken und betrachten, die jungen Leut ihren Ehstand
auch in Gottesfurcht so anfangen und anheben und darnach
allesamt göttlich mögen darinnen leben, eins dem andern in
Krankheit und Nöten dienen und sich nicht scheiden, allein
Gott tue es durch den natürlichen Tod. Dazu helfe uns
allen Gott, der Vater, Gott, der Sohn und Gott, der Heilige
Geist, Amen.

Luthers Testament

(1542)

Ich, Martinus Luther Doktor etc., bekenne mit dieser meiner eigenen Handschrift, daß ich meiner lieben und treuen Hausfrau Katherin gegeben habe zum Leibgedinge (oder wie man das nennen kann) auf ihr Leben lang, womit sie nach ihrem Gefallen und zu ihrem Besten verfahren möge, und ich gebe ihr das kraft dieses Briefes gegenwärtigen und heutigen Tages:

Nämlich das Gütlein Zeilsdorff, wie ich dasselbe gekauft und zugerichtet habe, mit allem, wie ich's bis dahin gehabt habe.

Zum andern das Haus Bruno zur Wohnung, so ich unter dem Namen Wolff gekauft habe.

Zum dritten die Becher und Kleinod, als wie Ringe, Ketten, Schenkgroschen, goldene und silberne, welche ungefähr sollten bei tausend Gulden Wert sein.

Das tu ich darum, erstlich, weil sie mich als ein fromm, treulich Gemahl allzeit lieb, wert und schön gehalten und mir durch reichen Gottessegen fünf lebendige Kinder (die noch vorhanden, Gott gebe, lange) geborn und erzogen hat;

zum andern, daß sie die Schuld, so ich noch schuldig bin (wo ich sie nicht bei Leben ablege), auf sich nehmen und bezahlen soll, welche mag sein, wie ungefähr mir bewußt, 450 Fl., mögen sich vielleicht wohl mehr finden;

zum dritten und allermeist darum, daß ich will, sie müsse nicht den Kindern, sondern die Kinder sollen ihr in die Hände sehen,[1] sie in Ehren halten und ihr unterworfen sein, wie Gott geboten hat. Denn ich wohl gesehen und erfahren habe, wie der Teufel, wider dies Gebot, die Kinder hetzet und reizet, wenn sie gleich fromm sind, durch böse und neidische Mäuler; sonderlich, wenn die Mütter Witwen

1 svw. ›finanziell von ihr abhängig sein‹.

sind und die Söhne Ehefrauen und die Töchter Ehemänner
kriegen, und andererseits socrus nurum, nuru socrum etc.[2]

Denn ich halte dafür, daß die Mutter werde ihren eigenen
Kindern der beste Vormund sein und solch Gütlein und
Leibgedinge nicht zu der Kinder Schaden oder Nachteil,
sondern zu Nutz und Besserung brauchen, als die ihr Fleisch
und Blut sind und sie unter ihrem Herzen getragen hat.

Und ob sie nach meinem Tode genötigt oder sonst verursacht würde (denn ich Gott in seinen Werken und Willen
kein Ziel setzen kann), sich zu verändern, so vertraue ich
ihr doch und will hiermit solchs vertraut haben, sie werde
sich mütterlich gegen unser beider Kinder halten und alles
treulich, es sei Leibgedinge oder anderes, wie recht ist, mit
ihnen teilen.

Und ich bitte auch hiermit untertäniglich meinen gnädigsten
Herrn, den Kurfürsten Herzog Johannes Friedrich etc.,
S. K. F. G. wollten solche Begabung[3] oder Leibgedinge gnä-
diglich schützen und handhaben.

Auch bitte ich alle meine guten Freunde, sie wollten meiner
lieben Käthe Zeugen sein und sie entschuldigen helfen, wo
etliche unnütze Mäuler sie beschweren oder verunglimpfen
wollten, als sollt sie etwa eine Barschaft hinter sich haben,
die sie den armen Kindern entwenden oder unterschlagen
würde. Ich bin des Zeuge, daß da keine Barschaft ist, ohn
die Becher und Kleinod, droben im Leibgedinge aufgezäh-
let. Und zwar sollt's bei jedermann die Rechnung öffentlich geben, weil man weiß, wieviel ich Einkommens gehabt
von meinem gestrengen Herrn und sonst nicht einen Heller
noch Körnlein von jemandem an Einkommen gehabt, ohn
was Geschenk ist gewesen, welches droben unter den Klein-
odien, zum Teil auch noch in der Schuld steckt und zu finden ist. Und ich doch von solchem Einkommen und Geschenk so viel gebauet, gekauft, eine große und schwere
Haushaltung geführt, daß ich's muß neben anderm selbst
für einen sonderlichen, wunderlichen Segen erkennen, daß

2 ›Schwiegermutter und Schwiegertochter bleiben selten eins‹.
3 Schenkung.

ich's habe können erschwingen, und nicht wunder ist, daß keine Barschaft, sondern daß nicht mehr Schuld da ist. Dies bitte ich darum, denn der Teufel, so er mir nicht konnte näher kommen, sollt er wohl meine Käthe, allein der Ursachen halben, auf allerlei Weise heimsuchen, daß sie des Mannes, Doktor Martinus, eheliche Hausfrau gewesen und (gottlob) noch ist.

Zuletzt bitte ich auch jedermann, weil ich in dieser Begabung oder Leibgedinge nicht brauche der juristischen Formen und Wörter (dazu ich Ursachen gehabt), man wolle mich lassen sein die Person, die ich doch in der Wahrheit bin, nämlich öffentlich, und die sowohl im Himmel wie auf Erden, auch in der Hölle bekannt, Ansehens oder Autorität gnug hat, der man trauen und glauben kann, mehr denn keinem Notar. Denn so mir verdammtem, armem, unwürdigem, elendem Sünder Gott, der Vater in aller Barmherzigkeit, das Evangelium seines lieben Sohns vertrauet, dazu mich auch treu und wahrhaftig drinnen gemacht, bisher erhalten und befunden hat, also daß auch viele in der Welt dasselbe durch mich angenommen haben und mich für einen Lehrer der Wahrheit halten, ungeachtet des Papstes Bann, des Kaisers, der Könige, Fürsten, Pfaffen, ja aller Teufel Zorn, soll man ja viel mehr mir hier in dieser geringen Sache glauben, sonderlich, weil hier ist meine Hand, sehr wohl bekannt. In der Hoffnung, es solle gnug sein, wenn man sagen und beweisen kann, dies ist D. Martinus Luthers (der Gottes Notarius und Zeuge ist in Seinem Evangelium) ernstliche und wohlbedachte Meinung, mit seiner eigenen Hand und Siegel zu beweisen. Geschehen und gegeben am Tage Epiphanie 1542.

Zur Textgestalt

Die vorliegenden Texte wurden auf der Grundlage der *Weimarer Ausgabe* (siehe Literaturhinweise) und deren Annotationen modernisiert, wobei versucht wurde, dem Original so nahe wie möglich zu bleiben. Begriffe, Sprichwörter und Redewendungen, die nicht mehr im heutigen Sprachgebrauch vorkommen oder einen Bedeutungswandel erfahren haben, wurden zum Teil, um der besseren Verständlichkeit willen, durch Fußnoten erläutert, wenn ihr Sinn jedoch sich leicht aus dem Kontext erschließen läßt, kommentarlos übernommen. Auch Luthers Syntax wurde, selbst wenn sie den heutigen Regeln nicht entspricht, nach Möglichkeit beibehalten, um den rhythmischen Fluß der Sprache, der oft dem gesprochenen Wort näher ist als dem Schriftausdruck, zu bewahren und den rhetorischen Nachdruck, den Luther seinen Aussagen damit verleiht, nicht zu zerstören. Orthographie, Interpunktion, Lautstand und einzelne Wortformen wurden, wo es nötig schien, den heutigen Gegebenheiten angepaßt. Es ging uns hier mehr um die Lesbarkeit des Textes als um philologische Detailtreue.

Literaturhinweise

Werkausgabe

D. Martin Luthers Werke. Krit. Gesamtausg. [Weimarer Ausg.]
Bd. 1 ff. Weimar: Böhlau, 1883 ff. – Die Texte der vorliegenden
Ausgabe sind in folgenden Bänden enthalten:
Ein Sermon von dem ehlichen Stand. In: Bd. 2. Weimar 1884.
S. 166–171.
Welche Personen verboten sind zu ehelichen. In: Bd. 10. Weimar
1907. S. 264–266.
Vom ehelichen Leben. In: Bd. 10,2. Weimar 1907. S. 267–304.
Ursach und Antwort, daß Jungfrauen Klöster göttlich verlassen
mögen. In: Bd. 11. Weimar 1900. S. 394–400.
Daß Eltern die Kinder zur Ehe nicht zwingen noch hindern, und
die Kinder ohn der Eltern Willen sich nicht verloben sollen. In:
Bd. 15. Weimar 1899. S. 163–169.
Eine Predigt vom Ehestand. (Das dritte Teil. Das vierte Teil.) In:
Bd. 17,1. Weimar 1907. S. 22–29.
Luthers Testament. In: Briefwechsel. Bd. 9. Weimar 1941. S. 572–574.

Allgemeine Studien

Bainton, Roland H.: The Age of Reformation. Princeton 1956.
Bornkamm, Heinrich: Das Jahrhundert der Reformation. Göttingen
1961.
Burdach, Konrad: Reformation, Renaissance, Humanismus. Darmstadt 1963.
Die Frau von der Reformation zur Romantik. Hrsg. von Barbara
Becker-Cantarino. Bonn 1980. ²1985.
Hagen, Karl: Deutschlands literarische und religiöse Verhältnisse
im Reformationszeitalter. Frankfurt a. M. / Aalen 1966.
Hamm, Berndt: Bürgertum und Glaube. Göttingen 1996.
Joachimsen, Paul: Die Reformation als Epoche der deutschen Geschichte. Hrsg. von Otto Schottenloher. München 1951.
Luther und die Folgen. Beiträge zur sozialgeschichtlichen Bedeutung der lutherischen Reformation. München 1983.
Mentz, Georg: Deutsche Geschichte im Zeitalter der Reformation,
der Gegenreformation und des dreißigjährigen Kriegs. Tübingen
1913.

Ranke, Leopold von: Deutsche Geschichte im Zeitalter der Reformation. Leipzig 1909. [Zuerst 1839–47.]
Schorn-Schutte, Luise: Die Reformation. Vorgeschichte, Verlauf, Wirkung. München 1996.

Luther-Studien

Aland, Kurt: Der Weg zur Reformation. Zeitpunkt und Charakter des reformatorischen Erlebnisses Martin Luthers. München 1965.
Atkinson, James: Martin Luther and the Birth of Protestantism. Baltimore 1968.
Brandenburg, Erich: Martin Luthers Anschauung vom Staate und der Gesellschaft. Halle 1901.
Brendler, Gerhard: Martin Luther: Theologie und Revolution. Köln 1983.
Erikson, Erik H.: Young Man Luther. A Study in Psychology and History. New York 1962.
Dt. Ausg.: Der junge Luther. Eine psychoanalytische und historische Studie. Frankfurt a. M. 1975.
Friedenthal, Richard: Luther – Sein Leben und seine Zeit. München 1967.
Gronau, Dietrich: Martin Luther: Revolutionär des Glaubens. München 1996.
Huch, Ricarda: Luthers Glaube. Frankfurt a. M. 1964. [Zuerst 1916.]
Katzenbach, Friedrich Wilhelm: Martin Luther und die Anfänge der Reformation. Gütersloh 1965.
Kleinschmidt, Karl: Martin Luther. Ein Beitrag zur Geschichte der deutschen Reformation. Berlin 1953.
Lau, Franz: Luther. Berlin 1959. ²1966.
Lilje, Hanns: Martin Luther. Eine Bildmonographie. Hamburg 1964.
Martin Luther. Sein Leben in Bildern und Texten. Hrsg. von Gerhard Bott, Gerhard Ebeling und Bernd Moeller. Frankfurt a. M. 1983.
Schott, Erdmann: Fleisch und Geist nach Luthers Lehre unter besonderer Berücksichtigung des Begriffs *totus homo*. [Reprogr. Nachdr. der 1. Aufl. Leipzig 1928.] Darmstadt 1969.
Thulin, Oskar: Martin Luther. Sein Leben in Bildern und Zeitdokumenten. München 1958.

Thematisch spezialisierte Studien

Althaus, Paul: Die Ethik Martin Luthers. Gütersloh 1965.

Asheim, Ivar: Glaube und Erziehung bei Luther. Heidelberg 1961.

Bornkamm, Heinrich: Luther im Spiegel der deutschen Geistesge-
schichte. Göttingen 1970.

Doernberg, Erwin: Henry VIII and Luther. Stanford 1961.

Hillerdal, Gunnar: Gehorsamkeit gegen Gott und Menschen. Luthers Lehre von der Obrigkeit und moderne evangelische Staats-
ethik. Göttingen 1955.

Kibe, Tekaslin: Frieden und Erziehung in Martin Luthers Drei-
Standes-Lehre. Frankfurt a. M. 1996.

Kroker, Ernst: Katharina von Bora. Zwickau 1925.

Lähteenmäki, Olavi: Sexus und Ehe bei Luther. Turku 1955.

Lazareth, William H.: Luther on the Christian Home. Philadelphia
1960.

Lohse, Bernhard: Mönchtum und Reformation. Luthers Auseinan-
dersetzung mit dem Mönchsideal des Mittelalters. Göttingen
1963.

Nowicki-Pastuschka, Angelika: Frauen in der Reformation. Pfaf-
fenweiler 1990.

Roper, Lyndal: The Holy Household: Women and Morals in Reformation Augusburg. Oxford / New York 1989.

Winter, Ingelore: Katharina von Bora: ein Leben mit Martin Luther.
Mit Briefen an die »liebe Herrin«. Düsseldorf 1996.

Wolf, Günter (Hrsg.): Luther und die Obrigkeit. Darmstadt 1972.

Wolf, Herbert: Martin Luther. Eine Einführung in germanistische
Luther-Studien. Stuttgart 1980.

Bibliographien

Manns, Peter: Lutherforschung heute. Krise und Aufbruch. Wiesba-
den 1967.

Schottenloher, Karl: Bibliographie zur deutschen Geschichte im
Zeitalter der Glaubensspaltung 1517–1585. Leipzig 1933–66.

Zeittafel

1483 Geburt Luthers in Eisleben
1484 Geburt Ulrich Zwinglis
1497 Geburt Philipp Melanchthons
1501 Studienbeginn an der Universität Erfurt
1502 Baccalaureus artium
1505 Magister artium. – Eintritt in das Augustinerkloster zu Erfurt
1507 Priesterweihe
1510/11 Reise nach Rom
1512 Doctor theologiae
1517 Anschlag der 95 Thesen gegen den Ablaßhandel an der Schloßkirche zu Wittenberg
1518 Zitation nach Rom. – Statt Verhör in Rom Vernehmung durch Kardinal Thomas Vio von Gaeta (genannt Cajetan) in Augsburg. – Weigerung des Kurfürsten Friedrich von Sachsen, Luther nach Rom auszuliefern
1519 Disputationen Luthers mit Dr. Johannes Eck in Leipzig (Luther stellt das Bibelwort über den Primat des Papstes und die Unfehlbarkeit des Konzils)
1520 Verbrennung der päpstlichen Bannandrohungsbulle
1521 Bann des Papstes. – Erscheinen vor dem Reichstag zu Worms. – Versteck auf der Wartburg als Junker Jörg. – Wormser Edikt (Reichsacht gegen Luther und solche, die ihn oder seine Schriften in Schutz nehmen)
1522 Rückkehr nach Wittenberg. – Erste Ausgabe des Neuen Testaments in deutscher Sprache. – Auflösung der deutschen Augustinerkongregation. – Sickingens Fehde gegen den Erzbischof von Trier, Ritteraufstand (erfolglos beendet 1523). – Beginn der schweizerischen Reformation durch Zwingli
1523/24 Die ersten drei Teile von Luthers Übersetzung des Alten Testaments

1524 Bauernaufstand

1525 Niederwerfung der Bauern. – Luthers Heirat mit Katharina von Bora

1530 Schmalkaldischer Bund evangelischer Fürsten

1532 Nürnberger Religionsfriede angesichts der Bedrohung durch Sultan Solyman

1534 Suprematsakte Heinrichs VIII. von England (Anerkennung seiner zweiten Ehe von allen Beamten, Loslösung Englands von Rom, allmähliche Stillegung der Klöster)

1541 Reichstag zu Regensburg (Suspendierung aller Beschlüsse gegen Protestanten bis zu allgemeiner Kirchenversammlung, beidseitige Hilfe gegen die Türken)

1545 Beginn des Konzils von Trient

1546 Luthers Tod in Eisleben. Beisetzung in der Schloßkirche Wittenberg

1546–47 Schmalkaldischer Krieg, Sieg der katholischen Gegner

1548 Augsburger Interim (neue Reichsgesetze: Priesterehe und Laienkelch gestattet, Siebenzahl der Sakramente, Transsubstantiation und Heiligenkult beibehalten), Kompromißlösung

1552 Neue kriegerische Auseinandersetzungen zwischen Katholiken und Protestanten. Passauer Vertrag (vorläufiger Friede)

1555 Augsburger Religionsfrieden: cuius regio, eius religio (Bestätigung des Status quo)

1563 Ende des Konzils von Trient. – Endgültige Kodifizierung und Dogmatisierung des modernen Katholizismus, Rechtfertigung der Gegenreformation aufgrund offizieller Beschlüsse

Nachwort

Zweck dieser Publikation ist es, die deutschen Haupttexte Luthers über die Ehe und das Verhältnis der Geschlechter zueinander in einer leicht zugänglichen Ausgabe verfügbar zu machen. Alle Schriften Luthers, die sich auf diese Komplexe beziehen, hier abzudrucken, hätte den Rahmen dieser Veröffentlichung sowohl inhaltlich wie räumlich gesprengt. So etwa wurde auf den Abdruck des längeren Traktates *Von Ehesachen*[1], entstanden 1530, verzichtet im Bestreben, weitgehende gedankliche Wiederholungen zu vermeiden, da es sich, obwohl durchaus zum Thema gehörig, um eine systematische Zusammenfassung von Überlegungen handelt, die bereits in den früheren, hier erscheinenden Texten, abgehandelt werden.

Luthers Werk entstand zu einer Zeit der Umwälzung. Um den Hintergrund anzudeuten, ist an die großen Erneuerungen der Renaissance zu erinnern: an den Fortschritt in den Wissenschaften, die Erweiterung des Weltbildes durch die Entdeckung Amerikas und die sich daran anschließenden Eroberungsfahrten, die Niederlage der mittelalterlichen Weltvorstellung gegenüber der kopernikanischen. Mit neuen Erkenntnissen gingen soziale Veränderungen überein: die Abnahme der politischen Macht des Papstes, an die Stelle der Klöster als Bildungszentren treten die Universitäten, der Zusammenbruch der streng hierarchischen mittelalterlichen Ordnung. Geistesgeschichtlich ist der Einfluß der Humanisten für die Bildung zu erwähnen, das Zurückgreifen auf die Originalschriften antiker Autoren, die neue Blickrichtung auf das menschlich-sittliche Element zuungunsten des geistlich-religiösen, sowie die Etablierung der Philosophie als eigenständige Disziplin neben der Theologie. Politisch bahnt sich die Entwicklung moderner Staatssysteme an, realpolitische Fragen gewinnen an Bedeutung, es ist die Epoche von Machiavellis *Il Principe*.

1 In: *Weimarer Ausgabe*, Abt. 3, Bd. 30, S. 198–248.

Luther wirkte also in einer Zeit allgemeiner reformatori-
scher Strömungen. Als Nachfahre der Waldenser, Wiclifs
und Hus' und als Zeitgenosse von Calvin, Zwingli und
Heinrich VIII. stand er mit seiner Reformation durchaus
in einer gewissen Tradition. Er war auch nicht der einzige
damals, der sich mit der Stellung des Menschen zu Gott,
der Rolle des Individuums in der Gesellschaft und den
Pflichten gegen Obrigkeit, Eltern und Kirche auseinander-
setzte, der die Rechte und Pflichten der Familienmitglieder
zueinander erwog und über die Grenzen der menschlichen
Willensfreiheit nachdachte. Im Gegensatz zu den Humanisten aber bediente sich Luther der Volkssprache, und die
günstigen Voraussetzungen für sein Schaffen sowie die ihm
zuteil gewordene Unterstützung ließen ihn zum »richtigen
Mann am richtigen Platz« werden.
Zur Bewertung der hier abgedruckten Schriften, die Luthers
grundsätzliche Einstellungen zu bestimmten Grundwerten
der westlichen Zivilisation, zu Ehe, Familie und Sexualität, enthalten, müssen die Umstände, auf die sie bezogen
sind, skizziert werden. Am Ende des 15. Jahrhunderts hatte
Deutschland einen relativ hohen Grad an Wohlstand erreicht. Wenn das Land auch von außen durch die Türken
bedroht war, so stand doch die Entwicklung des Handels
und der Künste in voller Blüte. Gleichzeitig war ein höhe-
res Niveau von öffentlicher Bildung erreicht worden, das
auf den guten Besuch von öffentlichen Schreibschulen, unter denen sich auch zahlreiche Mädchenschulen befanden,
zurückzuführen ist. Die Schulen wurden durch die Kirche
unterstützt, so daß christliche und weltliche Unterweisung
Hand in Hand gingen. Die gelehrten Mittelschulen waren
humanistischer Prägung und betonten klassische Sprachen
und Literatur. Allen Schulen gemeinsam waren patriarchali-
sche Disziplin und körperliche Züchtigung, die Luther selbst
an sich im Elternhaus und in der Schule erfuhr und die er
gleichfalls als wichtiges erzieherisches Mittel empfiehlt.
Bemerkenswert fortschrittlich war die Frauenbildung, besonders in Klöstern aller Orden, in denen neben geistlichen

auch weltliche Wissensbereiche gefördert wurden. Namen
wie die der schriftstellerisch tätigen Benediktinerin Barbara
von Dalberg, der Benediktinerin Aleydis Raiskop, der durch
ihre Briefe bekannten Äbtissin Charitas Pirkheimer und
vieler anderer legen von der regen intellektuellen Betäti-
gung Zeugnis ab. Auch adlige weltliche Damen wie Margaretha von Staffel, Herzogin Hedwig von Schwaben und
Mechthildis, die Tochter des Pfalzgrafen Ludwig III., die
höfische Dichtungen sammelte und Anteil an den Gründun-
gen der Universitäten Freiburg und Tübingen hatte, ragten
durch ihr Wissen und ihre Bildung hervor.

Die Zunahme der Bildungsfreudigkeit überhaupt wird durch
die Entstehung von neun neuen Universitäten in den Jahren
1450 bis 1510 bewiesen. Die Blüte der Künste belegen Namen wie Hans Holbein, Albrecht Dürer, Lucas Cranach
und Martin Schongauer. Die Volksdichtung der Zeit war
reich an geistlichen und weltlichen Liedern, Schwänken und
Erbauungswerken.

Allerdings zeichneten sich auch tiefgreifende Konflikte ab.
Der Luxus an den Adelshöfen führte häufig zur Verarmung,
in den Städten machte sich ein Verfall der Sitten bemerk-
bar, und die Zahl von Bordellen und Prostituierten muß
erstaunlich hoch gewesen sein, wenngleich anzumerken ist,
daß der Status der Freudenhäuser, deren Bewohnerinnen
sich in Zünfte gegliedert hatten, entsprechend dem mittelalterlichen, einen jeden Stand umfassenden Weltbild weniger schandbar gewesen sein muß als in der Neuzeit. Mißstände in Klöstern sind zahlreich belegt.

Die Korruption des Finanzwesens und der Mißbrauch insti-
tutionalisierter Einrichtungen, z. B. des Ablaßhandels als
willkommene Geldquelle für die Kirche oder der Klöster
als bequemem Aufenthaltsort für kränkelnde und schwäch-
liche adlige Kinder, führte gelegentlich zu Protesten. Das
Tierepos *Reineke Vos* und Sebastian Brants *Narrenschiff*
weisen auf wunde Stellen in Staat und Kirche hin. Sicher
spielte auch der unvorstellbare Reichtum der Kirche bei
den häufigen Anfeindungen des Klerus eine Rolle.

Luther entstammte einem strengen Elternhaus. Seine Familie arbeitete sich aus einfachen Verhältnissen zu relativem Wohlstand empor, und es war zunächst der Wunsch des ehrgeizigen Vaters, den Sohn eine juristische Karriere einschlagen zu lassen. Luthers Eintritt in das Augustinerkloster zu Erfurt und seine Priesterweihe wurden von seinen Eltern mit Ablehnung betrachtet. Obwohl Luther als Sechzehnjähriger durch Frau Cotta, die ihn in ihr Haus aufnahm, mit einer aufwendigeren und großzügigeren Lebensweise bekannt geworden war, legte er seine eigene Vorliebe für eine einfache, natürliche Lebensweise nie ab, wie auch aus vielen Stellen seiner Schriften über die Ehe hervorgeht, aus denen eine deutliche Geringschätzung für den Luxus und die Reichtümer der Welt spricht.

Es wäre unrichtig, in Luther einen entschlossenen Tatmenschen, einen Revolutionär, zu sehen, der sich leicht über die Gesetze der Kirche hinweggesetzt hätte. Besonders als jüngerer Mensch litt er unter Depressionen und religiösen Gewissensqualen, die ihn letztlich auch zu seinem Eintritt ins Kloster bewogen. Seine 95 Thesen gegen den Ablaßhandel entsprangen keiner rebellischen Absicht, sondern folgten dem zeitgenössischen akademischen Brauch, Meinungen zu veröffentlichen und zu diskutieren, wobei nicht mit Sicherheit festzustellen ist, ob sich Luther im ersten Moment der Tragweite seiner Meinungen bewußt war. Sein eigener Standpunkt festigte und verschärfte sich erst allmählich, wie auch an den Texten dieser Ausgabe abzulesen ist. Während die Ausdrucksweise in dem *Sermon von dem ehlichen Stand* noch zögernd bleibt und nicht offen gegen bestehende Meinungen gerichtet ist, wirken Sprache und Ansichten in der Schrift *Vom ehelichen Leben* durchaus selbstbewußt und spontan und enthalten sich nicht der offenen Polemik gegen bestehende Dogmen. Letztere Schrift entstand nach einer Reihe von Ereignissen, die Luther in seiner Haltung gefestigter und kompromißloser gemacht hatten. 1520, ein Jahr nach der Disputation mit Eck, veröffentlichte Luther seine drei großen reformatorischen Schriften, *An den christ-*

lichen Adel deutscher Nation, Von der babylonischen Gefangenschaft der Kirche und *Von der Freiheit eines Christenmenschen* und verbrannte die päpstliche Bannandrohungsbulle, in der der Widerruf verschiedener seiner Lehrmeinungen sowie die Vernichtung anstoßerregender Schriften gefordert wurde.

Unter anderem hatte Luther die kirchliche Lehre von den sieben Sakramenten verworfen und den sakramentalen Charakter der christlichen Ehe bestritten. Entsprechend der Genesis betont er die physische Gemeinschaft der Geschlechter, verwirft in seiner streng dem Bibelwort folgenden Auslegung das erzwungene Zölibat als unnatürlich und erklärt Eheverbote außer den ausdrücklich in der Bibel erwähnten für unzulässig, ja er anerkennt sogar später – im Falle des Landgrafen Philipps von Hessen und in einem Gutachten über Heinrich VIII. von England – auch die Bigamie als nicht ausdrücklich in der Bibel verboten. In der Tat hatte zu Luthers Zeiten die christliche Ehe noch nicht den gefestigten Charakter, der gewöhnlich vorausgesetzt wird. Die Sitte eines kirchlichen Aktes bei der Eheschließung hatte sich erst im neunten Jahrhundert durchgesetzt, was jedoch für lange Zeit halboffizielle Mönchsehen und Konkubinate nicht ausschloß, und die Erklärung der Ehe zum vollgültigen Sakrament erfolgte erst durch das Trienter Konzil (1545–63).

1521 erging gegen Luther der Bann des Papstes, und nach seinem Erscheinen auf dem Wormser Reichstag, auf dem er seine Weigerung zu widerrufen wiederholte, wurde er mit der Reichsacht und einem Predigtverbot belegt. Während der folgenden Zeit seiner Bibelübersetzung, die er als Junker Jörg, verborgen auf der Wartburg, unternahm, publizierten er und seine Anhänger Streitschriften und Sendschreiben, besonders gegen den Priesterstand und die Mönche und Nonnen in Klöstern, in denen zur Heirat aufgerufen wird. Immer wieder betont Luther die Autonomie des Individuums, seine persönliche Verantwortung vor Gott und seine natürliche Gebundenheit durch Gottes Wort

»Wachset und mehret euch«. Gegenüber dem eigenen, auf die Schrift gestützten Glauben sind die Formalitäten, besonders die Firmelung, unwichtig und stellen, wie die Eheverbote der Kirche, widernatürliche Zwänge dar. Besonders deutlich kommt Luthers Ablehnung der kirchlichen Hierarchie in seinem polemischen Neujahrsgruß für das Jahr 1522, gerichtet an den Papst, zum Ausdruck. 1522 kehrte Luther nach Wittenberg zurück.

Die Kirchenspaltung hatte begonnen. Allerorts verließen Mönche und Nonnen die Klöster, und in manchen Gegenden entstanden tumultartige Zustände sowohl im sozialen wie im intellektuellen Bereich. Als Vorboten der schweren europäischen Auseinandersetzungen des 17. Jahrhunderts können bereits Franz von Sickingens Ritteraufstand (1522 bis 1523) und der Bauernkrieg (1524–25) betrachtet werden.

Luthers Einstellung zum Verhältnis der Geschlechter, wie sie in den hier veröffentlichten Schriften deutlich wird, erscheint aus einer zeitgenössischen Perspektive gleichzeitig als befreiend und einschränkend. Allen Schriften gemeinsam ist die wiederholte Berufung auf das Bibelwort, besonders auf das Alte Testament und – den nicht immer frauenfreundlichen – Paulus. Im *Sermon von dem ehlichen Stand* konzentriert sich Luther auf die Gottgewolltheit der Ehe. Auffällig für den heutigen Leser ist dabei die Trennung, die Luther zwischen der »unreinen Lust« und der ehelichen, der »bräutlichen« Liebe vollzieht. Im Grunde betrachtet er die Sexualität als ein Übel, das als Resultat des Sündenfalles hingenommen werden muß, aber keinen Wert an sich darstellt. Entgegen der von katholischer Seite oft vertretenen Meinung, die Frau sei das Gefäß dieses Übels, die Verführerin, und als Ursprung dieser Sünde minderwertig, betont Luther jedoch, daß sowohl Mann und Frau gleichermaßen der fleischlichen Lust und der darin enthaltenen Sünde teilhaftig sind, und vollzieht damit eine deutliche Aufwertung der Frau.

Luther hebt keineswegs den Dualismus zwischen Leib und

Seele auf, was spätere Interpreten wie z. B. August Bebel
gemeint haben, vielmehr sucht er nach einer Rechtfertigung
für die Sünde, die er in der Ehe sieht. Er erachtet Keuschheit weiterhin als erstrebenswert, wenn er auch einräumt,
daß sie für den Durchschnittsmenschen kaum einzuhalten
sei. In dieser frühen Schrift spricht Luther noch nicht offen gegen den sakramentalen Charakter der Ehe. Er ist,
seinen Worten nach, eine der drei Rechtfertigungen für das
Zusammenleben der Geschlechter, wenn auch vielleicht nicht
die wichtigste. Bedeutsamer ist für Luther die Tatsache, daß
die Ehe ein Treuebund ist und durch die zweiseitige, exklu-
sive Verpflichtung die Begierden lenkt und mäßigt, daß,
mit anderen Worten, durch Mäßigung das Verbotene ak-
zeptabel wird. Bei der Diskussion der elterlichen Macht
in bezug auf die Ehe der Kinder ist es für heutige Begriffe
erstaunlich, wie wenig die individuelle Neigung in Betracht
gezogen wird. Es ist weniger wichtig, welche spezifische
Frau oder welcher Mann geheiratet wird, solange die Person in den Stand versetzt wird, der ihr in der Bindung an
einen Partner die Befriedigung der fleischlichen Lust und
die Eindämmung der ungehemmten Leidenschaften gewähr-
leistet.
Der Hauptzweck der Ehe ist Fruchtbarkeit, das bedeut-
samste Element in der ehelichen Verbindung die Eltern-
schaft. Die richtige Erziehung der Kinder kann die Seligkeit des Himmels, deren Vernachlässigung die Strafen der
Hölle herbeiführen. Dabei wird körperliche Züchtigung
durchaus positiv bewertet, auffälligerweise aber keine Aus-
bildung außer dem Studium der Heiligen Schrift und der
Gebote erwähnt.
In der Schrift *Vom ehelichen Leben* erweitert sich die Perspektive. Luther betont die Notwendigkeit für beide Partner, die Körperlichkeit des anderen zu achten, und spricht
sehr deutlich von der Macht und Bedeutung des Geschlechts-
triebes bei beiden Geschlechtern. Die Auffassung des ehelichen Verkehrs als Sünde bleibt zwar noch bestehen, wird
aber weit weniger betont als zuvor. Deutlich setzt sich

Luther von der Meinung der Kirche ab, wenn er ihr das willkürlich gehandhabte Recht von Eheverboten abspricht, und er erscheint liberal, wenn er Impotenz oder Zeugungsunfähigkeit als Scheidungsgrund anerkennt, sowie den Ehebruch aufgrund der Verweigerung der ehelichen Pflicht durch den Partner rechtfertigt. Andererseits aber besteht er unnachgiebig auf der Ablehnung anderer Scheidungsgründe, die im Alten Testament erwähnt werden, und läßt »Ausreden«, wie etwa »die Treue nicht halten können« oder plötzlich entstandene Abneigung oder körperliche Gebrechen, nicht zu. Dem schuldlosen Partner billigt er in einer Ehebruchssituation das Recht auf eine Scheidung zu, ohne im geringsten auf mögliche Gründe für die Verfehlung einzugehen. An solchen Beispielen wird deutlich, wie sehr sich Luthers Standpunkt von dem der Gegenwart unterscheidet.

Es ist bemerkenswert, wie einfühlsam Luther, der zur Zeit dieser Schrift selbst noch unverheiratet war, die Werte des ehelichen Lebens preist, wie er die Annahme, das Zusammenleben von Mann und Frau sei ein notwendiges Übel, deutlich verwirft und demgegenüber die Erfüllung, die auch in den täglichen Kleinigkeiten des Ehestandes aufzufinden ist, dem Leser vor Augen führt.

Aus seinen Trostworten für die Gebärende spricht einerseits Verständnis für den Zustand der Frau und andererseits eine kompromißlose Härte, die sich auf Stellen aus dem Alten Testament stützt. Das Leben des Kindes wird hier, wie in allen Schriften, über das der Mutter gestellt, was zu einer Zeit hoher Wöchnerinnensterblichkeit keine rhetorische Gebärde war, sondern die tatsächlichen Gefahren der Geburt nachvollzieht. Jedoch wird die Rolle des Mannes in der Ehe als die des Ernährers und voll Verantwortlichen nicht weniger hart gefaßt.

Luthers Ratschlag, ja Drängen zur Ehe gegenüber anderen Existenzformen kommt deutlich in seiner Schrift *Ursach und Antwort, daß Jungfrauen Klöster göttlich verlassen mögen* zum Ausdruck. Luther lobt den Befreiungsakt, den der Torgauer Bürger Leonhard Koppen für neun Nonnen des Klosters Nimbschen bewirkt hat, obwohl er sich bewußt ist, wie er selber ausdrückt, daß seine und Koppens Einstellung sich gegen die Majorität und die herrschende Moral richtet. Ebenso dringlich ist seine Mahnung an alle, die Kinder in Klöstern haben, dieselben zu befreien. Dabei führt er die prinzipielle Ungültigkeit des Klostergelübdes, sei es von seiten der Eltern oder der betroffenen Kinder, an, da etwas gelobt werde, worüber man keine Macht habe. Er stellt die Sündhaftigkeit des erzwungenen Gottesdienstes vor Augen und nennt Beispiele von unchristlicher Lebensweise in vielen Klöstern. Keuschheit werde durch besondere Gnade Gottes gegeben und sei die Ausnahme, nicht die Regel.

Die Schrift *Daß Eltern die Kinder zur Ehe nicht zwingen noch hindern, und die Kinder ohne der Eltern Willen sich nicht verloben sollen* behandelt die Rechte der Eltern und Kinder für den Fall der Ehe. Luther setzt sich hier mit verschiedenen Stufen der Gerechtigkeit auseinander, der weltlichen, der christlichen, und der, die er die menschliche nennt. Es fällt auf, mit welchen vielschichtigen Möglichkeiten Luther in dieser Frage rechnet, im Gegensatz zu den eindeutigen Aussagen, die er über das Leben der Ehepartner trifft. Letztlich ist es ihm auch hier um die Förderung der Ehe zu tun, die zu verbieten er den Eltern deutlich die Macht abspricht.

In der *Predigt vom Ehestand* legt Luther die Rechte und Pflichten des Mannes und der Frau für die Ehe fest. Während es die Rolle des Mannes ist, seinen Hausstand durch seine Arbeit zu erhalten und die Frau mit Nachsicht und Freundlichkeit zu leiten, ist es die Pflicht der Gattin, die Schmerzen der Geburt auf sich zu nehmen und dem Mann Gehorsam zu leisten. Luther betrachtet die Frauen deutlich als unterlegene Geschöpfe, die durch grobes Verhalten leicht einzuschüchtern und zu verwirren sind, sieht sogar in Extremfällen, wenn die Freundlichkeit zu ihrer Lenkung nicht ausreicht, auch von körperlicher Züchtigung durch den

Mann nicht ab. Obwohl er in seinen Eheverboten Anders-
gläubige als Partner anerkennt, betont er doch deutlich, daß
nur für die Christenfrauen das Gebären von Kindern von
der Sündhaftigkeit der ehelichen Pflicht reinigt, da nur sie
im rechten Glauben gebären.

Luthers eigenes Testament drückt Achtung und Sorge um
seine Frau Katharina aus. Er gibt ihr eine großzügige Voll-
macht über die zu hinterlassenden Besitztümer und macht
ausdrücklich klar, daß er sie nicht in der Abhängigkeit der
gemeinsamen Kinder sehen möchte.

Ebenso wie Luthers andere Werke ist seine Einstellung zur
Ehe sowie der Einfluß der einschlägigen Schriften negativ
und positiv bewertet worden. Noch Johannes Janssen hat
die Wirkung von Luthers Tätigkeit eher beklagt als begrüßt
und scheute sich, etliche von Luthers Aussagen, besonders
die über das Verhältnis der Ehepartner im intimen Bereich,
im deutschen Original abzudrucken, er wählte statt dessen
das Lateinische.[2] Janssens Zeitgenosse August Bebel dagegen pries Luthers Einsichten, die er ganz vom Standpunkt
der Sozialdemokratischen Partei bewertete, als liberalisie-
rend und besonders für die Stellung der Frau in der Gesellschaft als fortschrittlich und vorteilhaft.[3]

In der Tat wirkt es befreiend, gegenüber einem möglichen
Klosterzwang, den Luther glühend bekämpfte, die unbe-
strittene Anerkennung des Geschlechtsaktes zu sehen, den er
für Mann und Frau als gleich notwendig und natürlich betrachtet, und sein Protest gegen den Mißbrauch junger
Frauen und hilfloser Kinder für den ungewollten Gottesdienst klingt einleuchtend. Freilich mag Luther in der Dar-
stellung der Mißstände stellenweise zu weit gegriffen haben, um seine eigenen Anschauungen um so zwingender dar-
stellen zu können. In seinen Schriften wird die Bildungs-
funktion der Klöster ganz ausgeklammert und dabei über-

2 Johannes Janssen, *Geschichte des deutschen Volkes seit dem Ausgang
des Mittelalters,* Freiburg: Herder, 1897, S. 123.
3 August Bebel, *Die Frau und der Sozialismus,* Stuttgart: Dietz, 1893,
S. 61 u. a.

sehen, daß manche Frau sich zu den vielseitigen Möglichkeiten eines geistig regen Lebens mehr berufen gefühlt haben
mag als zu der Ehe mit einem Partner, der ihren Vorstel-
lungen nicht entsprach. Trotz hin und wieder auftretender
einschränkender Äußerungen geht Luthers Drängen in die
Richtung, daß die Ehe die einzige Existenzmöglichkeit für
den christlichen Menschen darstelle, eine Vorstellung, die
sich ebenso limitierend wie ein Klosterzwang ausnimmt.
Problematisch erscheint auch die Trennung des körperlichen
Aktes von der kameradschaftlichen Liebe der Ehepartner,
die, wie es scheint, in den späteren Schriften fast zu einem
Dogma vom Diktat des Körpers ausartet und eine freie
menschliche Entscheidung – die Luther in der Tat nicht nur
auf diesem Sektor anzweifelte – durchaus in Frage stellt.
Die Haltung der unverheiratet Bleibenden, der Geistlichen
und der Klosterinsassen, wird damit in ein fast perverses
Licht gerückt. Bei einer derartigen Überbetonung des Triebes, die andererseits auch wieder nicht allen Möglichkeiten
Rechnung trägt – man betrachte Luthers strenge Einstellung
zur Ehescheidung –, kann es nicht wundernehmen, daß die
intellektuellen Kräfte des Menschen, und besonders die der
Frauen, als deren höchste Zwecke ja Gehorsam und Gebären dargestellt werden, vernachlässigt erscheinen, Fähigkei-
ten also, die immerhin von der traditionellen Kirche bis zu
einem gewissen Grad Unterstützung gefunden hatten. Au-
ßerordentliche Anerkennung verdient, daß Luther nicht
doppelte Moral predigt, sondern in allen Punkten – Scheidung, Geschlechtsverkehr, Abhängigkeit von den Trieben,
gegenseitiger Hilfeleistung, haushaltliche Bürden und Pflichten – Mann und Frau die gleichen Rechte und Bedürfnisse
zubilligt und sich nicht einseitig – ausgenommen das der
Genesis entnommene Gehorsamsgebot für die Frau – für
die Vorteile und Überlegenheit eines Geschlechtes einsetzt.
Die Vorstellung des sich mit zwanzig Jahren verheiraten-
den Jünglings, der »im Schweiße seines Angesichts« für den
Unterhalt einer schnell anwachsenden Familie sorgt, flößt
ebensoviel Bedauern oder Bewunderung ein wie das Bild

der fünfzehnjährigen Ehefrau und werdenden Mutter, die ihrem Gatten als gehorsame Gehilfin zur Seite steht, wobei selbstverständlich nicht übersehen werden darf, daß die Anforderungen, die das ausgehende Mittelalter an das Individuum in der Gesellschaft stellte, sowie die damaligen Lebensbedingungen sich von den heutigen erheblich unterschieden.

Mein besonderer Dank gilt Professor Ruth K. Angress, die meine Arbeit an dieser Ausgabe angeregt hat.

Inhalt